実はここまで語っていた、武術界至宝の
最後の言葉

永遠の極意

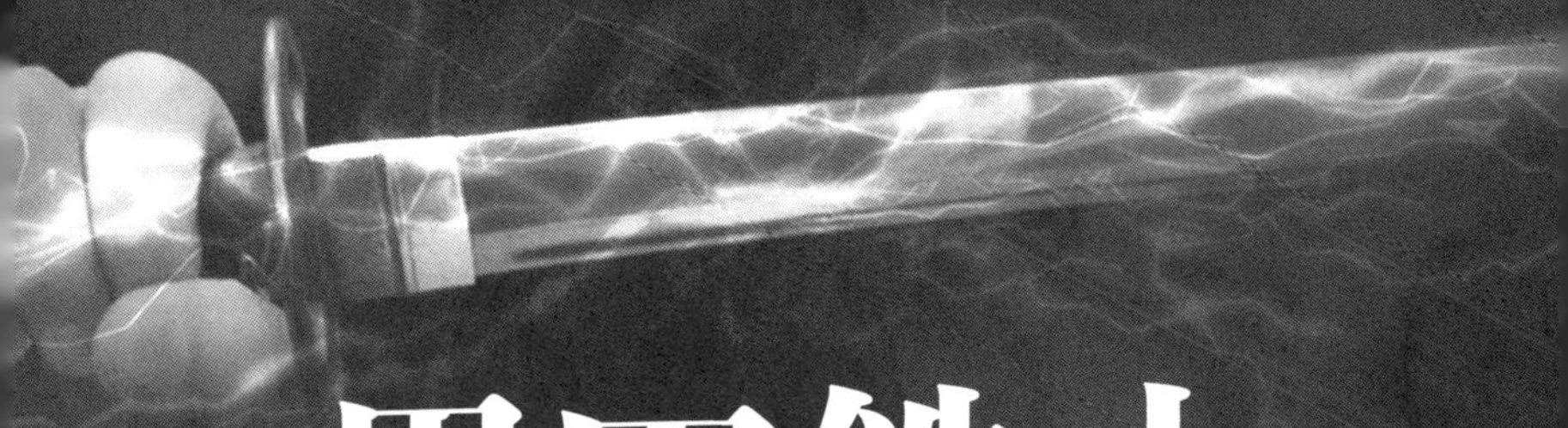

黒田鉄山

BAB JAPAN

はじめに

武術とは、言葉をもってその本質へたどり着けるものではありません。ただ、これは、言葉が無意味である、無力である、ということでは決してありません。なかなかたどり着けないものだからこそ、言葉も、日々の修練も、そして道場以外の日常のささいな執り行いも、すべてを総動員して目指さねばならないものなのだと思います。

父の生前の言葉をまとめた前著『最後の極意』の前書きにも記しましたが、父からは「稽古以外のことでも何でもいいから日記をつけるといいぞ！」とよく言われていました。言葉というものは、後から読み返してみると、その当時の瞬間がありありと蘇ったり、またある時は記した時とはまた別の発見、深みが加わって顕れたりもするものだと思います。

父自身、多くの言葉を遺しました。それらはすべて、未だに生きているものだと感じます。それは最後まで進化を続けていた父の、その先の姿、偉大な先人にもより近づいた、突き詰めるだけ突き詰められた武術の姿を示しているように、感じることもあります。

父はどこを見ていたのか。それを突きとめることは、自分にとっても、まだまだ全力をもって見取り、学び続けていかなければならない課題なのです。

この度『最後の極意』に続き、再び父の生前の言葉を書籍として発刊する機会を得ました。『月刊秘伝』誌において続いていた連載「鉄山に訊け」は12年という長きに及ぶものだけあり、その言及はまだまだ一冊二冊の本には納めきれないほど多岐多様にわたるものでありました。同連載をまとめた書籍としては三冊目となるだけあり、本書においては看過ごされがちにして重大な事象を拾うべく、これまでとは違った視点、編集方針が執られています。

第一冊目として出版された書籍『鉄山に訊け』の前書きには、父のこんな言葉があります。「問答集としての面白みでもある、わたくしの日常生活等に纏わる項目は、残念ながらあえて削除したとのことであった。」

本書にはついにそれらも収録する運びとなりました。ある種本望でもありましょうし、単なる個人的露出にとどまらない、学ぶところのあるものになっていると思います。

本書は自分にとってまた新たな、大きな発見、成長の糧でもあります。それがまた、この本を手にして下さった皆様方にとっても同様ともなれば、これに勝る喜びはありません。

2025年3月

振武舘黒田道場　黒田泰正

目次

第2章 よそ様のこと……67

第3章 上達・成長の本質……97

第4章　素朴な極意

第5章 日常に極意あり……177

※本書は、『月刊秘伝』において2006年〜2022年に掲載された連載『鉄山に訊け』より、再編、再構成したものです。
同連載は読者からの質問に回答する形で構成されており、本書においてもその形式を踏襲しています。

第1章

得物変わらば

1

問◆

棒術と剣術は当然、体さばきや間合い等全てが違うと思うのですが、そのなかで剣術と棒術で共通した術理や身体の使い方はどんなことがあるのでしょうか?

答◆ 全てひとつのものになります。

まことにあいすみません。正直申しまして、このような種類のご質問の意味がわたくしにはよくわかりません。

剣術において太刀、実手、小太刀、薙刀等すべて武器が異なります。長短一味と申します。それぞれの物理的な特性は変えようがありませんが、全てひとつのものとなります。

棒は薙刀より短めとなりますが、相手に対して何も持っていないと観念すれば、全て同じことです。身体の動きの理論的統一化をめざすのなら、すべてがひとつでなければ修行が大変困難なもの、支離滅裂、統一不能、時間の浪費、逐一達成不可能となります。

太刀ですら、ときに相手と身体が密着した間合いでの攻防を修行いたします。密着されないように、長い薙刀のような武器では間合いにいれない手だてを学びます。はいられても困らない手段を学びます。

太刀そのものは、密着する必要などないものとされておりますが、では、このような稽古法は何を求めているのでしょうか。太刀ばかりではなく、それぞれの武器を使いこなすということは、どういう次元のものをさしているのでしょうか。

武術の術たる身体の働きをめざせば、何をどのように稽古しても同じことです。剣は太刀からはじまり長短の武器術を学び、無手となります。柔術は無手からはじまり、太刀捕りの無手になります。それぞれを同次元同一の身体に関する理論と看做さなければ、それぞれの修行に大きな矛盾が生じます。

それゆえ、柔術が剣術を引き上げる、といわれる振武舘の稽古体系においては、すべてがひとつです。刃物である太刀を持った相手と素手である柔術とのあいだに理論的優劣が存在するのなら、柔術が剣術を引き上げるなどということはありえませんし、柔術などを学ぶ必要性がたいへん希薄になります。

こと武術に関して、むかし父がひとに、わたくしの言っていることがもう自分には理解できないともらしていたのを思い出します。おそらく、ご質問の方も納得がいかれないのでは、と危惧いたしております。

いずれの間合いも受取双方の伎倆によって稽古中に現出するもので、それぞれが「正しい稽古」です。しかし、型というのはこれらの具体的な数知れぬ変化を抽象化した、理論でありそれはたった一つのものです。棒というものの物質的な特性にとらわれて型を捉えるということ自体が「形骸化」そのものです。とはいえ、初心者がでたらめな間合いで稽古をすることは許されません。それが正しい型というものです。

2

問◆

駒川改心流には実手術がありますが、これは捕り方流儀だと思っておりました。駒川改心流は武士の流儀だと思うのですが、なぜ実手が伝わっているのでしょうか？

答◆

各種の武器は、もともと武士の発明ではありませんか？

時代考証、歴史的研究をしているわけではありませんので、その辺に関してはまったく素人でわかりません。ただ、各種の武器は、もともと武士の発明、発案になるものではありませんか。実手、捕り縄なども武士の手になるものでしょう。後代の捕り方にも相当腕の立つ武士はいたのではないでしょうか。

たとえ玄関番、門番といえ、いや逆に免許皆伝の腕前がなければ馬止めの術など使えようもありません。曽祖父の正郡も廃刀令以後の腰の寂しさをまぎらすため、しばらく実手をさしていたそうです。これは当家に伝わって大事にしております。なにせ曽祖父が手にし腰にしたものですから。

曽祖父の寛正郡愛用の実手です。廃刀令による腰の寂しさをまぎらすといっても、無刀までいった人ですから、いっときだったようです。

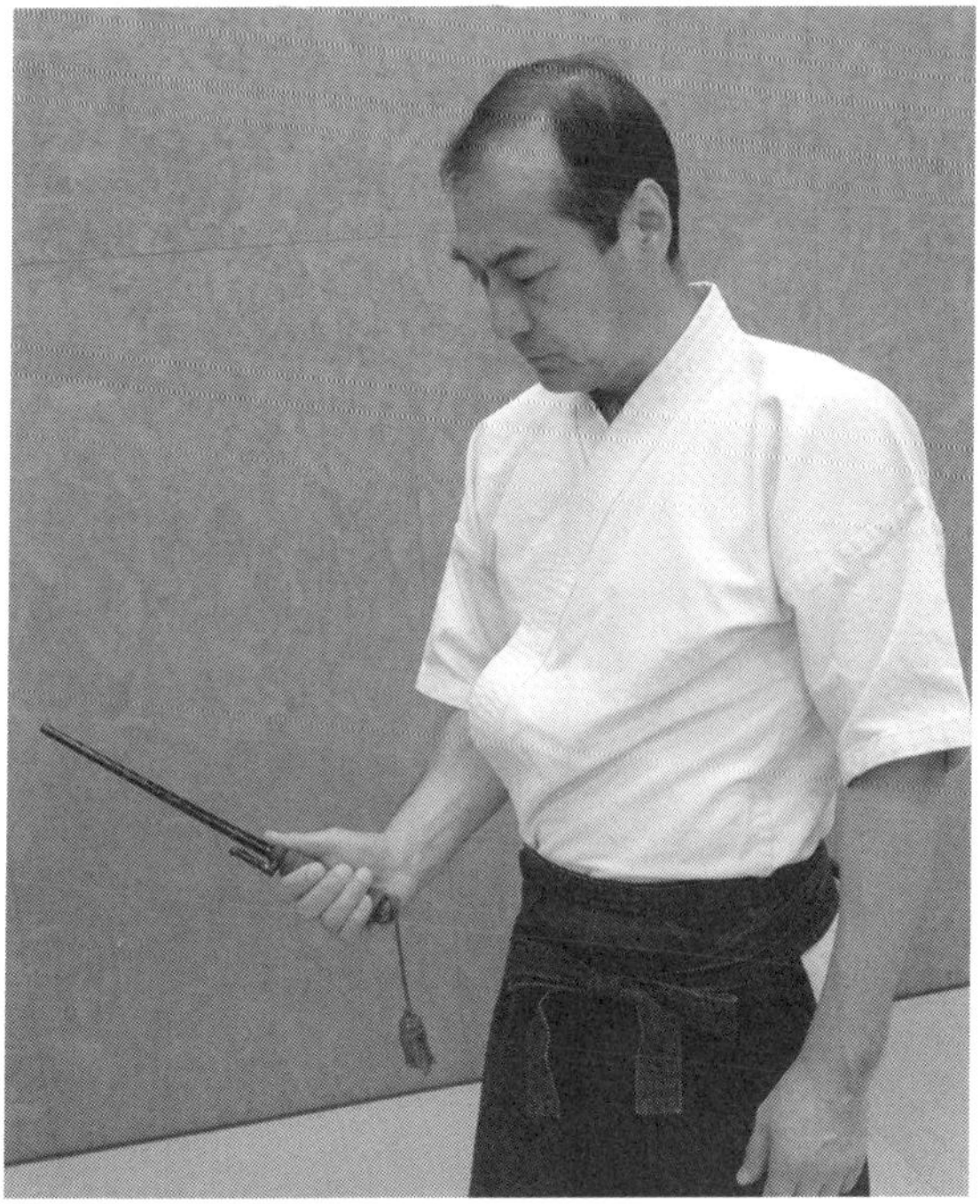

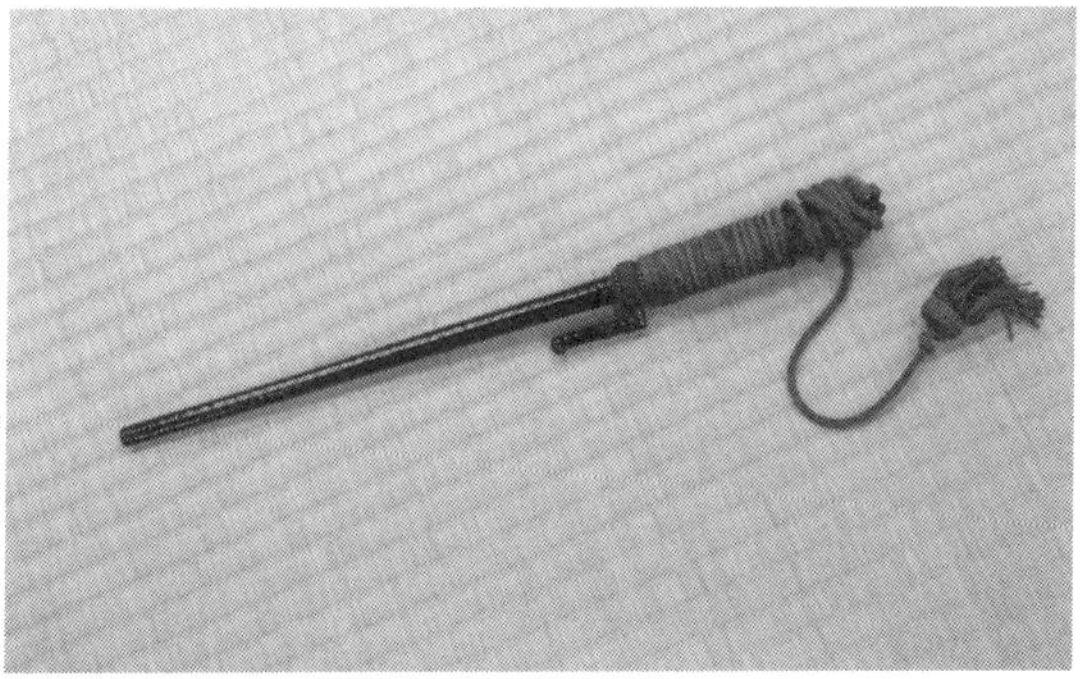

実手型　表実手五本目 真向《まっこう》

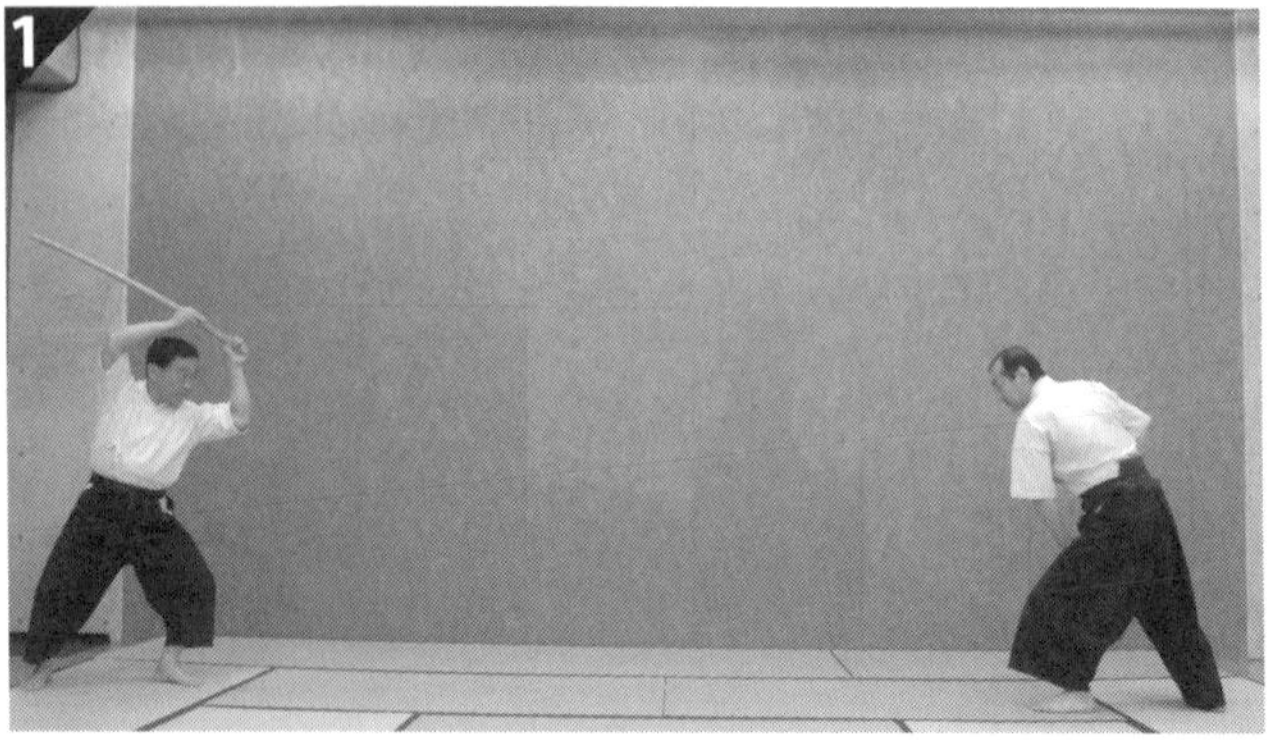

このような型が実手なのではなく、そのような（居合、剣術などにすべて共通な）本質的な動き方ができれば、この実手型にあるような動きも相手に妨害されずに正しく動くことができるということです。

4

5

6

3

問◆「実手地獄」と呼ばれる型は相手が動かないとのことですが、そのような型は聞いたことがありません。どのような意味があるのでしょうか。

答◆正しい動きを型の動作で検証しているのです。

もちろん動きたいのですが、自身の歪のある動きが相手にぶつかり、滞りが生じ、うまく相手を崩せないということが起こっているにすぎません。けっして受が受を取らずに、嫌がって抵抗をしているわけではありません。ここでは、受が積極的な正しい型の動き方をせずに、取優先の稽古をしているのです。おっしゃるように、受も先を取るべく武器を振るう場合もありますが、それはあくまで受が上位者の場合で取を引きたて稽古するときだけです。現在は五分の稽古が多いので、双方がそれぞれの稽古に集中する場合と、この稽古のように、取の動きを優先してその可否を追究する場合とにわけて稽古をしております。どちらかというと我《が》の出やすい稽古は極力控えるようにしております。武術の稽古というものは、そう簡単に一般の方々の動きの質が変わるような安易なものではなく、また分かった気になって、かってに動き回ってみても何も生まれません。この実手に限らず、すべての動きが私と弟子とでは、その筋肉の働き方、動きの順序などが異なっております。それを、ただ単に腕が上がった、下がった、腰を落とした、体を開いたというような単純な目で見ていたのでは、何も見たことにはなりませんし、それでは本当の稽古ができません。それらを確認すると共にどのように動けば、その型どおりに相手を崩したり、この実手でいえば相手の太刀を巻き取ったり、引き取ったりまたは太刀ごと引き崩したりなどができるかを型のひと動作ひと動作によって、検証していくのです。

しかも、これはすでに型ですから、ここで順体だの浮身だのと基礎理論を意識してみても何の意味もありません。それらは極意でありかつ基本です。型ではそれを動作として動かなければなりません。順体法は手足を動かさないということの基本ですが、この手や足を動かさずに動くという難しさが理解できなければ、ひとつの動作を術として働かすことの難しさが理解できません。

この〝実手地獄〟では、足をそろえて立ち上がりながら、左手で相手の太刀を引き落としながら巻き取る型を稽古しておりますが、多く一般人はとにかく手を動かそうとします。そのときは主に上腕三頭筋を働かせますが、その力みが受に直接ぶつかる要因となります。一言で言えば「ひと調子に動く」という、たったそれだけのことですが、身体すべてを同時に働かせ終わるなどということはまさしく至難の業に違いありません。人の脳は大脳生理学的にはふたつのことにたいへん集中しにくいという性質を持っているそうです。それからみても、左手で引き取る動作と立ち上がる動作を完璧に一致させるということが、どれほど難しいことか理解できると思います。主たる上腕三頭筋がいきなり働いて左手、左腕を下方へ引き下げようとしますが、これは相手にぶつかり、不可という事をさきほど述べました。手も前腕もすべての筋肉を意識して、しかも「絶対」という言葉で力を使うことの否定された世界ですから、あらゆる力みを取って、動かさなければなりません。手の指から腕の裏表、もちろん解剖学的に主となる上腕三頭筋も働かせなければなりません。とにかく、相手にこちらの力がぶつからずに、相手はなんだかわからないまま、太刀の柄を持ってはいても、そのまま巻き取られてしまうといったふうに動けなければ、実手の操法ができたとは言えないのです。私の肩や腕に手を触れていてもらうと、あきらかに違うことが理解できます。多くの方は、当然のことですが、三頭筋がまっさきに緊張し、その瞬間相手にぶつかり、動きが停滞します。わたくしの肩はまさにその一瞬緩んだかのような、消えといいますか消失感とともに腕全体が動くような感じとともに働きます。侍の正しい動きは止めることができない、という主題を絶えず意識して稽古を重ねております。そのため、すべての型稽古において、そのひと動作に受をつけ、動けるか動けないかその一点に集中して稽古を続けております。このような稽古ができるように、まずならなければならないことは言うまでもありません。初めに申しましたように、相手の方の邪魔をしようというのではありません。お互いが正しい理論的な動きを求めて協力し合わなければ真の術技を獲得することができないのです。ぶつかるか否か、その一点だけを繊細に読み取り、双方が教え合います。

そして、くどいようですが、これはすでに型であります。そのような至難の腕の操作とともに至難な足の動きの一致がなければなりません。普通の人の普通の立ち上がり方で技になるわけがありません。異質なひとの異質な立ち上がりと共に異質な腕の動きが完璧に一致して、はじめて実手という型が〝できた〟と言えるのです。型の形ばかり見て出来た気になるのは簡単です。それを形骸化と申します。

型ばかりでなくどのような場合でも、すべてにぶつからずに、滑らかに動けて、ほんとうに動けたと言えるのです。そのようなことを、動けば技になると称したのではないでしょうか。

実手型　肱柄《ひじがら》

この型は、ご覧のとおり受の太刀を縦に巻き取る稽古です。この難しさはこの型を知る者にしか理解できません。力を使わないとか力を抜くとか抜いて動くとか柔らかく動くとか理論どおり動くとかいいますが、文字や写真ではこの動きを伝えることはできません。

写真（10～11）はぶつかってしまった状態です。

4

問◆長くて大きな武器である薙刀は、どのような注意をされていますか。剣に対し薙刀のように使う槍もあると聞きますが、逆に薙刀も槍のようにお使いになるのでしょうか。

答◆長い物を短く、短い物を長く、太刀も薙刀も同じです。

祖父が若かりし頃（少年時代）、薙刀の稽古にはいるというとき、女みたいでいやだともらしたとたん、曽祖父に大目玉をくらったと申しております。その祖父が珍しくもわたくしの目の前で型のおさらいをするように、さらさらと動いたことがありました。それはやわらかく微塵《みじん》の力みもなく、きちんとした体構えを崩すことなく、流れるように薙刀が変化を繰り返しました。あっという間に五、六本が終わってしまいました。そして、わたくしのほうを見て、わずかににこりとし、薙刀をしまいました。祖父が薙刀をとって動きはじめた瞬間、といってもいいでしょう、わたくしは、そんな薙刀をとても稽古をしたいと思いました。女みたいだからいやだなどととんでもないことです。美しいとしかいいようのない滑らかな薙刀捌きや体捌きを目の当たりにしては、是非ともやりたいという気持ちしかわきませんでした。

長い物を短く、短い物を長く、我よりは近く、相手よりは遠くあつかうことが術技とされております。廻剣理論による輪の太刀の操作は薙刀においても同様です。壁際、屋内でも太刀の上下素振りと同じ扱いが出来なければなりません。したがって、腰は極力低くします。実手や小太刀、あるいは太刀などと同じ腰構えをとります。

槍のように、とおっしゃいますが、槍をどの程度ご理解されているかにより、わたくしの返事の内容のご理解も変わってしまうことを覚悟のうえで、お答します。太刀の突きにも種々あるように当然、薙刀にもそのような操作がございます。

型ですから、手足をひと調子に動かさなければなりません。しかし、長い武器ですから、ただ単に動かしては遅くなります。太刀や小武器以上に順体という基本をしっかりと守らなければなりません。ということはどれをとっても理論どおりに正確に動かなければ技にはならないということです。そんなことを再確認させてくれるものが薙刀という段階です。長い武器ですから、手元が少し動けば先端や後端は大きく動きます。いまは、ぶれの話をしております。そこに体捌きがおこなわれますから、手元の少しのぶれが大きなひずみとなって、現れてしまいます。ひと足踏み込み、あるいは入れ替わりの体捌きに対して両腕が少しでも先んじたり遅れたりしますと、刃筋も方向も狂ってしまいます。何よりもその変化が丸見えとなり、たいへん遅い道具となってしまいます。

薙刀に集中して稽古をしていたとき、下からの斬り上げ動作がなんとしてもできませんでした。いや、上からも横からもすべてですが、とにかくその中でも下から上へと薙刀を上げるだけの動作が両肩の筋肉をいきなり使ってしまうものですから、どうしてもその動作が消えません。何度もお断りしておりますが、消える動作というのは、その本質的な動きを読み取ることができて初めて消えると実感されるものです。鏡に映るわたくしの動きは丸見えで遅いものでした。とても剣には対抗できません。とにかく力を抜くようにとの意識のもとに、両腕を下から上へと振り上げておりました。次第に手を動かしてはいけないということに気がつきます。そして、あらためて順体ということの大事さに気づかされます。

いっけん長い距離を移動して斬り込む後ろの手は逆に短い距離しか動かないのです。するといままで前方に斬りこむために振り出していた手、腕が最小限しか動かさないで済むようになりますから、力を抜くという意識との相乗効果により、いきなり軽く薙刀を振り上げたかのように変化させることができました。消えて見えます。ふっと両腕が上へ上がり、それにつれて薙刀もブンと出るのではなく静かにふっと前方へ出されているというような感じです。両肩はいっきに軽くなり、その両肩の動きは吸収されて見えません。

それを、太刀（木刀）でやってみたとたん、ものすごく無駄な力を使っていると感じるほどでした。まったくいけません。軽さに負けてしまいました。で、しばらく同じ動きができるまで、さらに力を抜くようにと、太刀で同じ動作を繰り返してみました。感覚的なものですぐに慣れましたが、いかに力を使って武器を操作しているかが痛感されたことでした。あの祖父のしなやかで、軽やかで、しかも柔らかくひと動作ひと動作はきちんとしていながら流れるがごとく連続した、あのよどみのない動きは、こうした型稽古のたまものでした。

理論は同じであると言っても、武器武具の長短軽重種々の特徴がありますので、それぞれに扱いなれるための稽古が型という階段になっているのです。そして、それぞれの武器を操作する基本は理論どおりでなければなりません。

表の薙刀は太刀、実手、小太刀に次いで学ぶものですが、海外の弟子たちの中でも来年で十年目に入る方がふたり、この秋から薙刀に入るのを楽しみにしております。

これは薙刀の素振りではありませんが、太刀とまったく同じ操作で長短一味ということが明確に理解しやすいと思います。上下左右の限られた空間でこれだけの長さの物が最大の運動量を確保した上で充分に振れるということが流儀の術技を証明します。

1

2

3

4

5

1

2

3

4

5

5

問

「黒田先生が肩に棒を担いで左右に動きながら、相手の打ち込みを躱しているのを拝見したことがあります。じっさいこのようなよけ方で真剣を躱せるものなのでしょうか。

答

型は理論。術として要求される動きは、誰でもできることではありません。

富山の曽祖父の時代は、祖父などは真剣で曽祖父に受を取られたことが再々ございます。まだ子供のころ小太刀の一本目を受け損ないみごとに左の膝頭を斬られております。

このような型の世界ですら、躱《かわ》しそこなえば怪我をいたします。そうなると、実戦ともなれば相手はどこを攻撃してくるかわかりませんから、型などいくら稽古をしても無駄であるという考えが根強く武術の世界を支配して来たことはご承知のとおりです。

そのような考えを支持してきた人々は型を捨てて実戦的な稽古をもっぱら積んで参りました。その結果、かつての術と呼ばれる世界はお話の中のこと、はるか雲の上のお話へとおしやられました。

確かに、常識では量れない身体技能や能力を、いきなり信じろと言われても無理なことです。なかには誇張や嘘などもあるでしょう。例えば、指一本で腕相撲に勝てるといきなり聞けば、どなたでも否定されるか信じてはもらえないことでしょう。さらに、それは力の絶対的否定の世界だから、そのようなことができるようになるのだ、などと追加説明されては、一体何のことか余計にわからなくなるのがふつうではないでしょうか。

型というのは、実戦の雛型ではありません。理論として存在しております。棒を肩に担いで間を詰めると、相手が斬り込んで参ります。斜め前に入って躱しますが、このひと動作自体が、困難を極めます。

それはなぜか。その動き方自体はどなたにでもできることですが、術としてそこに要求される動き方はどなたにでもできるような単純なものではないからです。

まっすぐ振りおろされる太刀を斜め前方に躱せたら、もうすでに達人です。あるいは相手の伎倆が大変お粗末か……。ま、これはお話の条件から外れます。相手は侍であり、剣の世界の人間です。ここで、今学ぼうとしている身体運動は、斜めに移動するにはどのような手足体の筋肉の働かせ方をしたら良いのかということなのです。

さらにここでは、ただたんに相手が打ち込んできたからその太刀を躱す、ということではありません。それでは当然間に合いませんし、先の攻撃が圧倒的に有利なことは論を俟《ま》ちません。いついかなる場合でも、つねに相手の先を取っていなければなりません。相手の打とうとする気配をしっかりと読めなければならないのです。

動きの気配を目で見ていたのでは遅すぎますから、思念の気配が読めることが前提となります。その上で、さらに棒術は体捌きが斜めを多用いたしますので、たいへん難しゅうございます。そのため当流の稽古に入れる方はすでに剣術、柔術等の稽古により思念の気配を読めることが必須です。

そして、打ち込みの気配を読むだけではなく、相手に打ちこますように誘いをかけることがさらに大事な稽古になります。それは虚に打たせるということです。

いないところに打ちこませ、こちらにとって太刀の回避をさらに容易になるように仕向けているのです。そのような、相手を誘い込む動きは、相手を崩す動きそのものとなりますので、相手に斬らせた時点でその場を制したことになります。と言うより、そのような事態が発生する条件がこの場で成立しているということは、剣を構えている人間と棒を杖にして歩む人間との間にすでに状況の逆転が起こっているということです。

それは取りも直さず、そこにいますが、実はそこにはいないという空間がつくられていることにもなります。だからこそ、太刀を構える相手に打ちこますことのできるこのような状況を生み出す武術的身体をつくることがたいへん難しい事となるのです。

普通に脚力に頼った動きではいくら敏捷に動いても、動いたほうへ太刀が振りおろされます。これは、ごく当たり前の対敵動作です。

では、そのような普通ではない動き方を何によって学ぶのかと言えば、型しかありません。型の要求する理論的な動き、と言ってわかりにくければ、型にはまったたいへん動きづらい特殊な形態を崩さずに動けるようになることです。

腰を落とせば誰でも最初は居つくものです。そこで、それを我流に解釈して現代風合理的と称して棒立ちの恰好に直して動きやすいと得々としているようでは古人が命を懸けたそのものを見失うことになります。それこそ文化的な大損失と言えるでしょう。型に執着して、執着しぬいたはての限りない自由さを、本来の自由と呼ぶのです。

武術における対敵動作というものは、相対的なものですから相手によりけりです。勝負は時の運とも申しますが、本当の意味での勝負を行うことのできる高度な術技的心身を練るものが型なのです。したがいまして、勝つ場合も、たまたま運よく勝つのではなく、必然の勝ちを真の勝利とし、たまたま負けたのではなく、必然の負けを敗北と認めます。

勝っておごらず、負けてくさらずといいますように、勝ち負けに拘泥し大騒ぎをするいまの日本人は、恥の大盤ぶるまいをしている事に気づいて欲しいものです。

椿木小天狗流棒術型　背《せい》

第３図打ち込みに対して体を躱しているのではありません。虚を打たせております。普通はここで尻や腰が斬り取られます。人間の運動能力、剣の速さ等、常識では絶対に躱すことのできない条件、状況下で安全確実に躱す方便、術技を学ぶものが武術です。まさに力では行くことのできない世界を信ずることのできる人間のみが愉しむことのできる心身の働きです。

7

8

9

10

11

6

問◆槍のほうが実戦向きのような気がしますが、なぜ刀に日本の武術や黒田先生を含めた武術家は重きを置くのでしょうか。

答◆長短を論じる以前に、槍を扱うに足るだけの武術的身体を練る必要があります。

たしかに太閤記で有名な木下藤吉郎の短槍対長槍の逸話などに見られますように、槍は一般的には長いほうが有利とされております。短槍が強いとすれば、それは達人が持った場合です。このように遣いかたによっては実戦的でもありますが、物理的に長いものですから、当時にあっても戦場以外では非日常的な武器にはちがいありません。

また、個人技としての術という観点から見ればたいへん操作の難しい武器です。つまり、実戦的であるが難度の高い武器であるということから、長短を論ずる以前に、まず、槍を扱うに足るだけの武術的身体を錬る必要性があり、日常的に取り扱いやすい太刀や小太刀などに習熟しなければなりません。別に太刀だけを単独で日本の武器のお家芸のようなものと考えているわけではありません。

祖父が大宮に道場を持ち、型を教えはじめてから、まだ奥実手まで行った者はいないと申しております。槍入り皆伝と申しますが、戦前、戦中、戦後のたいへんな時代背景もあり、そこまでの術技的身体を獲得できる弟子は育たなかったということでしょう。わたくしの代になり、今までを振り返りますと、若気の至りでわたくしは少し安売りをしすぎてきたようです……。いや、祖父の場合も若い頃からすでに道場を持って指導しておりましたから、わたくしの場合は未熟ということでしょう。もうすでに奥実手まで行っている弟子が何人かおりますが、反省をこめて、現在では本当にそのような「奥」の段階としてそれぞれの型を遣えるようになるための地道な稽古を、ふだんは表の型や裏の型ぐらいまでを使って稽古を繰り返しております。多くの弟子たちは、いまだに片腕でさえ、肘、肩を同時に運動させることが困難をきわめております。そんな状況で奥実手どころか、その手前の両刀ですら使いきれておりません。わずかに愚息泰正が稽古でわたくしを瞬時に崩すことができる状況です。わたくしの若かった頃は、自分の稽古相手が欲しかったために、上級組の弟子たちをせかせるようにして型を手渡していたものです。

以前、型の習熟度についてお話をさせていただきましたが、同様に太刀の振りよう、扱いようを見れば、槍が振れる人間であるかどうかも観えるものです。とくに術技的な観点からすれば、槍を手にすることのできる人間は、そう多くはございません。と申しますより、振武舘の歴史から見れば先ほど申しましたように、弟子では皆無です。というわけで、槍は、現在教えるに足る状況にありません。

祖父なども、戦場へ行くなら古刀を一本持っていくと申しておりましたが、それは第二次大戦までのような戦場を意識してのことか、古来の戦場を想定したうえで当然槍のほかに命を託す太刀ならば古刀であると言ったのかは、今となっては確認することはできません。しかし、前述のように、槍は難度の高い武器ですから、祖父にとって、そうそう戦場で自分が後れを取るほどの名人達人に遭遇する場面は少ないであろうことから、まず太刀が一本あればたとえ相手が槍でも間に合うという自信があったのかもしれません。他流にも飛来する矢を打ち落としたり、素手で止めたりする術があるくらいですし、また祖父は、現代とは異なり昔の貫通力の弱い銃などの弾丸ですと座っている座布団で受け止めることができると申しておりました。そのため呼ばれた席や宴席でも用心をおこたらずに座布団を前にずらして後ろへりに尻を置き、いつでも瞬時にわが前に座布団を盾として取り出せる容易をしていなければならないなどと申しておりました。植芝盛平翁の逸話にもありますように、たとえ相手が銃であっても打つ気配の読める相手であれば、いくらでも躱すことができます。ですから、銃ですら躱せるものなら術者の目に見えるような穂先はいくらでも打ちとめられる、素手でも間に合うというほどの気概であったかもしれません。それでしたら邪魔な槍など必要ないという伝かもしれません。それも祖父にすれば、曽祖父のような侍が来れば、遠くから逃げるしかありませんが、それも祖父にすれば当たり前のこととして想定していたかもしれません（ご存知かもしれませんが、さきほどの盛平翁、気配の読めない、つまり殺気を出さない鉄砲の名人の前では会ったとたんにそれを読みとり、笑いながらお手上げしたとの後日譚があります）。

いっぱいの、かもしれません話で申し訳ございません。しかし、あの祖父ならばこのくらいなことを言うカモシレマセン。

実手の運用

受の打ち込みに対する受け流しのひと動作がすべてを制しております。打ち込む瞬間に攻防の状況の逆転が発生しております。それは実手の有無に関係なく、その一点を制することにより初めて成り立ちます（1～6）。未だ未熟なうちは打ち込まれ、ただ受にとどまることになります（7～8）。

※9〜12は理合を徒手で示したもの。

7

問◆十手で相手の剣を巻き取ろうとしてもどうしても強引な力技になり、不成功に終わります。実際に型にあるように剣を奪い取ることができるものなのでしょうか。

答◆できます。しかし……。

合理合法な手段で、理合にのっとった動き方で巻き取るのです、などと申し上げても共にお稽古をしていないので、共通の理論や身体概念が存在しておりません。何を申し上げてもほんとうのところはご理解いただけないことを承知の上で、なるべくわかりやすくご説明させていただきたいと存じます。

まず、こちらの得物は実手という小武器ですから、間合いを詰めることが肝要です。ところが、この間合いを詰めるということ自体がなかなかの難事です。つまり、間を詰めることがたやすく出来るようになれば、実際に実手を操作して型のごとく相手の太刀を巻き取ることも現実化してまいります。まさに、実手術の稽古の主眼というのは、巻き取る動作そのものよりも、いかにして間を詰めるのかということが第一義となります。ここに「ステップ・ワーク」だなどという和語にあらざる方法論をもちこんでしまいますと、たいへん分かった気になるもののまったく分かっていないという状況が前提となって稽古、練習が成り立ってしまいます。そこでは、おっしゃるとおり、相手の剣や動きにぶつかり合い、押し合い、へし合いの体力勝負の大きな壁にぶつかり、ましてや強力な相手から太刀を巻き取るということに固執すること自体、体力的に劣る者にとっては墓穴を掘ることにもつながります。

ここであらためて型とはなんなのか、ということを確認しなくてはなりません。慥《たし》かに合理的なる体力勝負を前提としながらの稽古の方法もあってしかるべきではありますが、そもそも型とは身体の理論化が第一目的となっております。そこで型の本質論を見直しますと、力の絶対的否定を基礎として、等速度、順体法、無足の法などなどの理論がございます。これらの道からはずれないように注意深く型のひと動作ひと動作を修練することになります。相手にぶつからないように、自己の今までの動き方を変えていかなければなりません。そこにこの力の絶対否定という難題が待ち構えております。相手にぶつからずに、動きを妨げられずに動ける動き方こそが型そのものなのです。

もうこの辺で頭が混乱されているのではないでしょうか……。

では具体的に、わたくしどもで稽古をしている実手の現状をご紹介いたします。当然、各人の稽古の段階がございますことをご承知おきください。

以前、真の型稽古に関して、「誰もできる者がいない」と申し上げましたが、それは型を通して神というものを基準にした物言いであります。五年、十年あるいは二十年と通ってきている方々は、たしかに一般の方々とかけ離れた動きを上中下それぞれに獲得しております。だからこそ、さらに奥深くを追窮する楽しみに駆られて日々精進を重ね続けているのです。

では、実手の術をご覧ください。

実手の第一義は間を詰めることにあることはさきほど述べましたが、じつは、それゆえにこの時点で本来は結果が生じております……。

例の図において構えた体勢から実手で受けに入るとき、この振り出し動作を消さなければなりません。ひと調子、ひと動作と申しますが、こんな単純な動作ひとつとっても、その動きを相手の眼に見えないようにするということは、頭で思ったようには容易にできません。この消える動きは受の眼には明らかに異なった動きとして映ります。まさに、この実手捌きひとつで状況の逆転がおこります。

次いで、受の太刀の柄に手を伸ばし丸くやわらかく巻き取る動作を行います。もちろん脱力の柔らかさではございません。これで取れるか取れないかが術技的な身体操作の要となります。ご質問のようにわたくしどもでもみなこの一事に四苦八苦しております。柄に手をかけたまま往生してしまいます。取ろうとするとぶつかるので、すぐ力を抜きます。その抜いたままの状態で軽く巻き取ることを念じて行ずるのです。手首、肘、肩関節それぞれが少しでも支点となりますと受にあたります。ここに順体法という基本を思い起こさなければなりません。いま動かそうとしている左腕全体を、躯幹を使って働かさなければなりません。すなわち胸を働かすという意識が必要です。あるいは腕を日常的な動きとしては使わない、ということです。これはそのときの足腰の踏ん張り方にも言えます。無足の法という重大事があります。立ち上がろうとして左足に重心が移動するような体動は禁忌であります。

以上のような状況下での稽古が、ひょいと巻き取ることを可能にいたしますが、言葉不足、説明不足を痛感しながら擱筆させていただきます。

消える間合い消える身体

下掲の図は型どおりです。次ページの図では、間合の消しと振武舘の正中線を見せた上での動揺による崩しが働き、消えた処を斬らされようとするための崩れが受に生じ、型がこわれております。つまり、太刀の取りほうだい状態となりました。

1
2
3
4
5
6

8

問◆

だいぶ以前に先生は棒術のビデオをだされましたが、難しいので指導はされていないとお聞きしました。ご流儀が絶えてしまいませんか。

答◆お気遣いありがとうございます。

お気遣いありがとうございます。が、ご心配には及びません。

たしかに、一般への普及という観点から見れば、指導をしていない以上、絶えてしまうのでは、とご心配されるのもごもっともです。椿木小天狗流なる棒術をつかう人が指でかぞえるほどしかいないのでは、すでに絶えたも同然かもしれません。だからと言って、だれにでも型を手渡すわけにはまいりません。わたくしには形骸を残すことが苦痛でならないのです。うその稽古を目の前で見る事に耐えられないのです。そんな物を見ると無性に腹立たしくなり、そのすべてをぶち壊したくなってしまいます。難しいから教えないと述べたのは、その難しい稽古に耐えるだけの段階に至るまで、待っていただくという意味です。棒術を学べる段階に至った方々には、おりおり指導もしておりますし、そういうときは、たいへん嬉しく心踊るものがあります。この学べる段階と申しますのは、その難しさそのものを心身ともに理解できる段階という意味で、けっして棒術の体捌きそのものができるという意味ではありません。その閾《いき》を下げれば、たしかに門弟の多くに指導することも可能ではあります。が、多くの型を喰い散らかすよりは、まず剣術、柔術で理論的身体の基礎を構築すべきでしょう。その過程で棒術の稽古も可能となるべきです。

棒術の体捌きは、斜めに体を捌きます。しかし、それが消えますか、と突きつけられたとき、まず頭を垂れ、引き下がるしかないのが現状です。消えて、消して、相手の斬りかかる太刀の下にはいない身体を養うのが棒術の真髄です。そこでは斬るべき身体が見当たらないため、相手は斬る太刀をもちません。型だからこそ受は役目のとおり、順をおって斬りかかりますが、先の見える者にとって、いないところを斬らされるみじめさ、自己の危険をわきまえた上でそこを斬らされる苦痛は、稽古人にしか理解できない世界ではないでしょうか。

直線に動くということが最短で速いということは子供でも理解できることです。そこを斜に動いて相手を虚に落としいれるという術技がいかに難事であるかは、これまた修行をするものにしか理解できないことだと存じます。そこでいう斜の変化は、一般的な斜めの変化ではありません。これもまた相手に対しての直線運動でなければならない斜めなのです。ただ斜めに出れば、斬られてしまうのです。そんな恐ろしい動き方を初めから学んでみても、いつになったら、肩や背中、尻などを斬られずに躱すことができるようになるか分かりません。初めから素人がいくら我流の動きで頑張ってみたところで膝を壊すくらいが関の山でしょう。それゆえの型なのですが、よりわかりやすい直線運動が基本の剣術、柔術ですらそのまっすぐに身体を運ぶことが許してもらえません。無足の法といい、浮身といい、低い腰構えを強いられる沈身などによってはじめて培われる一般人の身体運動とは異なる方法論を得て、ようやく棒術の難易度が客観的に理解できるものです。まず、棒術の体捌きの何たるかを理解しなければ、まったく稽古になりません。見るだに腹立たしい稽古しかできないものに型を手渡すことは師の不明を証明するようなものです。

かつて曽祖父の時代には、基本的には剣術柔術が目録になれば居合にはいれると謳っていたにもかかわらず、申し出があっても筋の無いものには、いつまで経っても教えないこともありました。教えても無駄な時間を費やすだけで上達の見込みのないものには、居合をゆるさず、さらに剣術柔術の上達を促したそうです。許された弟子たちの中にも、抜く瞬間の過ちを先に見て取った曽祖父は「馬鹿者―、お前の刀はそう抜けるのか、あすから来んでもよい！」と弟子の減るのもかまわぬ指導ぶりだったそうです。祖父の話では、普段はもちろん、道場における喜怒哀楽を表情に見せぬ曽祖父です。その曽祖父の型に対する厳しさ、愛情のようなものさえ感じさせられる逸話です。いかに型を大事にしてきたかが伺われます。

同じ型を同じように稽古をし続けていれば、同じような考え方、感情になるのも当然ではないでしょうか。まして、わたくしはその流儀をあやまちなく伝えよう、伝えたいと希求するものです。

身体を斜めに倒すことができて、はじめてそこに斬られぬ身体、消える身体を自覚することができるのです。できるかできぬかを知るために、型があるのです。型は、人が我流で動くことを許しません。

棒術の体捌き

法に則り正しく左右に体を捌くことができるか否かを検証します。無足の法にかなえば二人の受にぶつからずに、滑らかに柔らかく動くことができます。この動きが棒術の型で使われる左右の消しです。太刀をよけずに斬らせております。

9

問◆先生のところでは槍の術はございますか。たしか、槍入り皆伝とお聞きしたことがあるのですが。もしあるとすれば、現在、ご指導はされているのでしょうか。

答◆術としての体系立てられた単独の術はありません。

駒川改心流剣術には、槍術としての体系立てられた単独の術はございません。たしかに、おっしゃるとおり、奥薙刀の受としての上位の型が遺されております。技法としては、上中下の三段に突き分けるものです。ここに至極単純なまっすぐに槍を突き入れるという受の技が要求されております。至極、単純化された直線性を要求されているということは、まさに至難、至極であるための「槍入り皆伝」、免許皆伝という謂であります。

剣の世界における直線性というものを知るために、まず、よく言われる円の重要性について考えてみたいと思います。円を描くと申しますが、剣術においては、直線に支えられた円でなければ役に立ちません。太刀を円転させる輪の太刀の操法において、ただひと太刀を、刃筋を通してまっすぐに振り上げ、斬り下ろす結果、そこに円の真面目が表現されたときこそが、術の存在を証明いたします。眼に見える一般の円転・回旋運動的な太刀の円転操作では、受が付いたときに、太刀を振り上げ、振り下ろすことはできません。ひとつひとつの運動のすべてが身体の内外をふくめて最短距離をうごく直線で構成されなければなりません。この見えざる直線性をあらゆる剣の操法、身体動作の逐一において保てるように、自身の動きを理論化させるために型を段階的に学ぶのです。そこでは、何が直線で何が直線でないかを絶えず見つめなければなりません。

たとえば、受に対して、拳をまっすぐに突き出すとき、そこに直線性の有無を検証することができます。身体のねじりをまず排除するため左半身の体勢をとります。そして、右手を受の手のひらに当て、水平にまっすぐ静かに押し込みます。このとき、多くの方は受の手にぶつかる抵抗のため、押し込むことができません。これは、刃筋が通るか否か、「刃物が相手」の世界の技の検証ですから、なにがしかの大きな力を全身の働きから生み出し、拳で相手を押し崩そうとするものではありませんから、ごく軽い操作で受の腰を崩せなければなりません。押し込もうとする力が受の足にぶつからずに、いきなり腰そのものを脅かさなければなりません。これは、身体の内外を問わず、ねじりやひねりを排除した、直線運動によって支えられなければなりません。いま、左半身に上半身を固定し、右腕だけを水平に、直線に突きだしたはずなのですが、じつはそれだけでは真の直線にはなっていないということがわかります。受の足に押し込む力がぶつかって大きな抵抗を生んでしまうということは、直線に突けていないということにほかなりません。

では、その突きだした腕を、まっすぐに引き戻すことができるでしょうか。これにも受をつけてみます。すると、まっすぐに引き戻しているはずですが、受の足に引っかかり、大きな抵抗が生じ、突き出しと同じように拳を動かすことができません。ここでは、受の腕に沿って定規などをあてて、それに沿ってまっすぐに拳を出したり、引いたりしてみても、そのような眼に見える即物的な直線運動では動くことができないということがわかります。そもそも剣の世界の運動法というものは、一般的な体育的な、どなたにでもはじめからまねしたり、すぐに同じ形に動けたりするような内容ではないのです。その運動をつかさどる筋肉の連動、運動法則そのものが異なるのです。それは、正しいと言われている型のかたちの一つひとつやこの例のようなごく単純な動きに受を付けて検証してみればすぐに理解・体感できることです。

太刀をまっすぐに振るということが本当にできてはじめて太刀をまるく振ることもできます。円の難しさは、直線を生み出すことの至難を知ってようやく理解することのできるものです。

型は種々ございますが、それぞれの型の動きを支える同一の理論的働きを深く追究しなければ、型の形骸化から抜け出すことはできません。しかも、奥の深い、むずかしいことを今の自分にわかるように引きつけて、我流の解釈による改悪、改変はもっともいけません。ある職人の方が、何が大事かと問われ、素直さと答えておられました。このことは、何事によらず、ひとつの、大事、秘訣ではないでしょうか。わからぬことは、自己否定のうえで素直にわかるまで稽古を積むという努力を続けなければなりません。稽古がかさなれば、わからぬこと、難しいと思っていたことの深さが理解できます。自分は何がわからない、難しいと思っていたのかが明確に理解されます。そこから真の修行がはじまり、なぜ槍がその位に位置するのかが理解できます。

腕の突き出し、引き戻しは、剣術における槍の稽古そのものです。

槍の術とは

（1～10）真の直線をつくるためにはどのような身体が必要かということが理解できて、はじめて非ユークリッド的な直線が刃筋のとおった曲線（円）として働くことができます。そこから動く以前の、状況の逆転をめざします。

初心者の一般的な運動では、押しも引きもできません。このような出発点から筋肉の運動を変換しなければ日常の動きが術に変換することはありません。

（1〜4）このような限定的な条件できちんと直線に突くことを学んだ上で、体捌きをつけることができます。

第2章

よそ様のこと

1

問◆試合・組手についてどう思われますか？

答◆まったく興味がございません。

基本的にスポーツとしてはまったく成り立たないものが武術だと思っておりますが、多種多様化している現代ですから、そのスポーツとしてあるいは武術としても安全に楽しく行えるものでしたら、組手でも格闘技でもなんでも、それは趣味嗜好の問題ですから、やりたい方がおやりになればよいのではないでしょうか。最近もそのような点が不満で振武舘を去っていった弟子もおります。

大宮氷川神社境内に立つ祖父

昔の侍たちがひと太刀に精魂を傾けて術技を競い合ったと祖父が言うような「試合」でしたら、あこがれますが、未熟なわたくしには、まだまだ剣術も柔術もそのような場に臨むだけの修練の積み重ねがありません。いまだ足らぬ自分自身の術技そのものを高める楽しさを味わえるだけで充分満足しております。現段階で人と強弱を争うことにはまったく興味がございません。

それに、入門に際して選び抜かれた人々に指導していた富山の時代とは異なり、難しいことを学んでみたいという志のある方々一般とともに稽古をしておりますので、目の見えぬ弟子を育てたくないという強い気持ちから、我のでやすい、優劣強弱をいきなり競うような形の稽古は、努めて避けるようにしております。祖父の晩年、といっても五十代から六十代の頃でしょうか。ひとりの上級弟子の竹刀捌きは祖父の面に幾度となく届いておりました。その状況だけを見れば、祖父はもうその腕を上げた弟子に打ちまくられ、かつてのひと太刀も身体に触れさせないという稽古振りは不可能になってきたかのようでした。しかし、ではひと勝負となったとき、その弟子はまったく手も足も出ず、ひと太刀も打ち込めずに、脂汗をかいて下がる一方で、刃物での喧嘩などなんでもなかった人が、あんな怖い思いをしたのは生まれて初めてだったと述懐しておりました。ほんらいの意味での勝負というものを誤解して研鑽を積んでしまった結果でしょう。自分が打ち込んでいたとき、そこに立っていた祖父は、この方の目にはどのように見えていたのでしょうか。そのときのご自身の身体はどのようであったのでしょうか。この話を聞くたびに、残念な思いが募るばかりでした。と、ともに本当のことをきちんと学ぶということの難しさを痛感いたします。目先のことは伝わりやすいものですが、本当に伝えたいことはまったく伝えられないものです。

もともと剣道ですら、試合化、競技化には絶対反対を唱えた内藤高治先生（一八六二～一九二九）でしたが、「御意である」とのひと声に押し切られ、それ以来剣道人口の増加普及には目覚しいものがありましたが、その時点から剣道の堕落がはじまったとさえいわれております。

その反面一部志のある方々は今日でも本来の剣道を求めて修行されておられます。大事なのは、やはり心ではないでしょうか。

2

問◆空手の型で武術的身体は会得できますか？

答◆武術的身体＝強さではありません。

もし、わたくしが空手や拳法などの型の手順をおって動けば、それはわたくしの流になってしまいます。それはとりもなおさず剣術、居合術といった日本古来の諸武術の理論そのままで、太刀や小太刀などの動きとまったく同じものです。しかし、それぞれに重い伝統や術法を伝えておられるかたがたから見れば、それは各会派それぞれから否定されるべきものでしょう。当時、たまたま空手を学んでいる若者から、彼の空手の道場が閉鎖されてしまったので、私の動きで空手の型を教えてほしいと頼まれたのです。わたくしもひとり稽古をする空手の型というものに興味があったのでいっしょに教則本をみながら一つひとつの動作をおってみました。いまも申しましたように、それは剣の動きでしかありませんでした。空手ではありません。剣や居合の型にすぐにもどったのはいうまでもありません。

まあ、わたくしがモデルですから、そんな誤解はないこととは存じますが、あえて確認させていただきます。武術的身体イコール強さ、ではありません。そのような相対的な彼我の問題として捉えるならば、武術的身体など必要のないものです。人ではなく絶対的な剣というものを想定した場合の理想的身体として追究するものだと思っております。

十数年前に（日本拳法の）森先生、猪狩先生ならびに山田先生と、ただご挨拶させていただいたことがあるというだけで、おっしゃるとおり、詳しいことは何も存じ上げないので、お答えすることができません。

3

問◆逆の握りの稽古はされますか？

答◆型で充分です。

まったくございません。ただ型の中には左半身、右半身それぞれから遣う対称のものがありますので、それだけで充分だと思います。ことさら型以外のことはおこないません。スポーツなどでは左右の筋力の不均衡による身体的偏りを防ぐと共に成績を高めるために左右両側を等分に鍛えたりするようですが、型稽古を専一としているわたくしどもでは、力の絶対的否定ということもあって、とにかく型にしたがって稽古をするだけです。

それでも剣術体型、柔術体型というものがそれぞれの獲得形質として特徴付けられております。剣術を得手とするひとは、右肩が落ち、柔術を得手とするひとは右肩上がりとなるとか。しかしながら、いまではそんな身体が変わるほど稽古をする人は、振武舘ではおりませんし、剣柔居それぞれを満遍なくやっておりますので、お話だけの世界になっております。柔術が得意だと言っていた祖父でさえ、右肩がすとんと落ちた剣術体型の典型でした。まあ、祖父の言ですと、「柔術家」は、右肩が上がっているからすぐにそれとわかる、ということでした。祖父は、やはり剣の世界の柔術の遣い手である剣術家でした。

4

問◆剣道部に所属する高校生です。いまやっている剣道の先に先生のいうような剣の道を目指す事はできないのでしょうか?

答◆剣の修行は、人生を歩むようなものです。

お好きでおやりになっているのなら何も問題はないのではありませんか。剣道の修行というのは、人生を歩むようなものだと思います。ご自分でご自分の稽古をされればよいのではないでしょうか。剣道でも、とにかく力を抜くことに集中してきた方を存じておりますが、全日本選手権に出るほどの体力のある方の打ちを軽いと感ずるほどに受け流すことができるようになられております。たいへんきれいな剣道をされます。打たれてミミズ腫れができるような打ちはなさいません。いわゆる手の内のしまった専門家の打ちをすりあげたら、その竹刀が後方へ飛んでいってしまい、打った方も半信半疑であったそうです。そんな剣道は、その方独自の、力ではない竹刀捌きに子供のころから長年にわたって積み重ねてきた成果です。年配の先生に、一本極めるときは足の踏み込みをもう少し、しっかりとやれと注意されても、砂利の上ではそんな足捌きはできないから（やっていない）とおっしゃる方です。ご自分の納得のいく剣道をたいせつにされております。

そして、ご自分の剣道をたいせつに思われるのなら、日常の身近な立ち居振る舞いから見直されることをお願いいたします。

5

問◆ロシアの武術システマに興味があります。実際に黒田先生がご覧になったシステマの感想を教えてください。

答◆武術の〝力の絶対的否定〟を痛感しました。

はじめて拝見させていただいたのはカリフォルニアでの合宿中のことでした。いままでの軍事格闘技というものの概念を大きく覆されましたと同時に、さらにいっそう我々も力を抜く稽古を大事にしなければならないと思いました。アメリカでもあの身体の大きな方たちが力を否定しておりますす。そこへもってきてロシアにもこのような格闘技の訓練法が存在するということを知って、ますます家伝の武術の力の絶対的否定という教えのありがたさを痛感いたしました。訓練のパターンは種々ありましたが、その型そのものがどうこうということではなく、いかに動くかというもっぱら脳の訓練のように見えました。それは当方でも遊び稽古などでやっていることとまったく同じであると感じました。そのビデオでは、すべて気といってしまってもいいような練習振りでした。他にも種々のトレーニング・コース、メニューなどがあってそれなりのことはひととおり学ぶことができるようです。とはいえ、当たり前のことですが、相当な訓練をつまなければ、きちんとしたことは一朝一夕に身に付けられるものではないと感じました。

6

問◆黒田先生の柔術では相手を痛くしないと書かれておりましたが、格闘技や柔術、柔道などにおける関節技の効果やその重要性をどのようにお考えでしょうか。

答◆斬りの体捌きが培った合理的運用を学ぶことです。

柔道やいわゆる格闘技に関しましては、わたくしは何の知見も持ち合わせておりませんので、不確かなことはお返事できかねますが、当流柔術に関しましては、いつもお話しておりますように、相手は剣なのだという前提の下に稽古をしております。したがいまして、関節技そのものの重要性がどこにあるかといいますと、斬りの体捌きによって培った身体の運動性を根拠とした合理合法的な運用を学ぶことにあります。この関節技も一つひとつを丁寧に稽古すれば、たいへん難しくそれゆえのおもしろさもございます。しかし、初心者はどうしても力みがでるものですから、現在そのようなかたがたは、関節技、いわゆる極めはなるべく省略して稽古をしております。そして、ある程度、年数を経た弟子たちがときおり集中的に稽古をいたしますが、どうにもいたしかたのない難儀をみるのが精一杯です。

いつもわたくしが強調してやまないことは、まず自分自身の身体が意識したとおりには動かないということをきちんと理解するということです。ひとの体というものは、ちょっとやそっとではとてもとても意識どおりなどには動いてくれないということを知らなければなりません。そこを出発点におかないとすべての稽古が形骸化した無駄稽古になってしまいます。関節技や護身術的な手ほどきなど、力を少しでも使えば、形骸そのものとなり、何の役にもたちません。剣の速さに対抗できる速い身体を養成することが不可能となります。それこそ殴ったり蹴ったりしたほうがてっとり早いものです。そのような状況の中で、関節技が重要性を持つためには、一にも二にもその修練によって何を求めようとするのかが明確にされなければなりません。

わたくしどもでは、柔術が剣術を引き上げると伝えられております。その柔術が有する関節技とはどのようなものかを、概略ご説明させていただきます。たとえば、相手がこちらの両手を掴んできた場合を想定しましょう。むかしからある護身術的な条件です。種々の解き方が各流につたえられております。ここではひとつの遊び稽古で見てみます。

まず、こちらは両手の親指を外へ返しながら、相手の両手首を掴みます。そして、両手を内側へ捻りますが、左右の手に時差をかけながら、相手を裏に返します。こんな稽古ですが、はじめの返しが相手の手首にあたり、あるいは抑えられているこちらの手首が相手に封じ込められ、返すことができません。そこで、それなりの力みが発生してしまいます。この時点で、この稽古はいっさいが無に帰することとなります。そんなことを一生懸命にやる時間は、我々の短い一生の中にはありません。剣術を引っ張る柔術であるということを思い出してください。たしかに、相手にこちらの動きがぶつかり動けないという状況は一般的ではありますが、そこでただ力を抜いてみても何も起こりません。力を抜いて、また動こうとすれば、小さな力でぶつかるにすぎません。しかし、その動きが理論化されるように、すなわち手を消し、腕を消し、そこにいる身体までをも消そうとする努力をつみますと、次第に筋肉の働きが変って参ります。何に?そうです、斬りの体捌きに他なりません。

すべての稽古は、ただ一点、斬るための身体をつくる方便でなければなりません。正しい斬りの動きは相手の腰を取りながら、崩し、関節を返すことができるようになります。さらに、その動きの本質的なところ、核を掴もうと稽古されている方々は、正しく動ける方に対して、それは剣の攻撃と同義ですから、たいへん軽く速いものに変化をいたします。そのため、人の体に対して関節技をかけるという一般概念の持つ身体の重量感、抵抗感は皆無となります。

七里引という手間のかかる型がございます。お若い方々から見れば、このような型の意味はまるで理解不能かと存じます。その一つひとつの型の手順をこそ、相手にぶつからないように、その相手を制御できるようにと、修練をするためのものなのです。そして、その型によって培われた身体の働きによって、型の正規の手順では複雑だったものが、簡便に遣えるようにもなります。その簡便なものをいきなり使おうとすると、力を使わなければならなくなります。初めから簡単な動作で、誰でも動け、できるような所作には大きな落とし穴があります。ひとの体は、術技的にはそれほど簡単には動けません。型はそれが分かっていたからこそ、動かぬ身体を本来の働きに導くようになっているのです。

きちんとしたことを、あくまで丁寧にきちんと学ぶということが大切です。しかし、敗戦後の教育問題も含めて、わが日本人はかつての美徳の多くを失ってしまいました。武術を学ぶということは、行儀作法を学ぶのと同じことです。ひとの生き死に、命のやり取りを学ぶということは宗教にも通じます。

7

問◆わたくしも別流儀で剣を志す者の一人です。流儀の型に従って稽古を、と仰いますが、形が違っても先生の仰る「離れ」にたどり着けるのでしょうか。

答◆それを幾千万年と伝えることが伝統を守るということかと存じます。

幾度となく申し上げていることですが、こと武術、極意などに限らず、すべてものごとは深く学び、追究し続けなければなにひとつ理解することなどできません。

ご存知の通り、わたくしどもに伝えられた古流の型々はまさに古い形態の形を残しております。それらは剣術、居合術、柔術等の武種を問わず、すべて半身沈身の低い腰構えを基本としております。現代人の運動競技になじんだ感覚から見れば、両足はそれぞれが外を向き、膝を曲げてひらいた低い腰構えに対して、そんな恰好で速く動けるわけがない、と断定されます。そして、実際その構えで初めから素早くなど動けないものです。それを、眼にも止まらぬ早業で動けるよう充分に鍛錬しなさいなどと言われても納得どころか否定されて当然のことでした。

そのとおり、わたくしの若い頃は、それまで永いあいだ素肌剣法と介者剣法という、現代剣道の元となった剣術と古流の甲冑武者の剣法との二大大別として認識されておりました。しかも、鎧、甲冑姿の古い剣術は、江戸時代中期以降は古式ゆかしい無用の遺物とさえ看做《みな》されるようになりました。型稽古を主体とする道場で三年稽古した者より、竹刀稽古主体の道場で一年稽古した者のほうが強いなどとも評されるようになってからは、古流の型稽古は衰微の一途をたどり今日に至ったことは皆さまご存知のことと存じます。

そんな歴史をもった世間一般の評に対して、わたくしは子供心に違和感をもって育ちました。我が祖父の道場では竹刀捌きは速くて当たり前で、型も同様に、一般のものとは比べ物になりません。戦前戦時中に道場やぶりも含めて外部から来た挑戦者たちには、まず上級組の少年たちが当たりました。打ち込むだけ打ち込んで、その相手には一本も打たせないという稽古ぶりでした。そんなことを祖父や先輩たちから耳にし、実際の稽古で素面素小手の祖父や防具装着の先輩ですら、いくら打てども突けども身体に触れることすら出来ずに育ったため、古流に対する一般認識論には永く強い疑念と反撥を持ち続けておりました。

そして、さまざまなご縁から今日こうして永い年月に亘《わた》って、古流の武術の素晴らしさを訴え続けることができました。今回、再度に亘って居合術の極意、離れの至極に関してのご質問を承りました。そんな交流を、紙面とはいえ、させていただけることに心から嬉しさを感じる次第です。

昔、青蓮院門跡の故東伏見慈洽様がこんなことをおっしゃったことがございます。日ごろお忙しい中、当日はめずらしく演武会開始から最後までお席におられました。その終了時のご挨拶では、いつもでしたら全国各地からご参集の皆様に御礼の言葉を述べられるのですが、「わたくしのような素人がこのようなことを申し上げては、大変失礼かと存じますが……」と話し始められたので内心驚きました。そのあとのお言葉は、「思いますに、居合というものは敵が斬りかかってくる刹那に技を施すのが本意であると思います。ところが、前のほうで演じられた方々は余りにも形にとらわれ過ぎていて気魄とか瞬時の変化というものが大変残念ながら見えませんでした。もう少し勉強していただきたいと存じました。なお、終わりのほうで演武した方は大変良かったかと存じます……」と講評を付け加えられました。

このことは今日でも言えることかと存じます。祖父の離れを何とかして観て取ろうとしていた、若い頃のわたくしのお話は以前から申し上げてきたとおり、見えるものではないのです。術技を備えた武術的身体により、見えざるところにこそ離れの至極は存在しております。鞘を指さしてここにあると言うことは出来ますが、それは理論的術技を持った人の、まさにその鞘の中にあるのであって、何が形骸かを知らずに形にとらわれてしまっている方々の鞘々にはどこにも離れの至極はございません。

わたくしどもですら自流儀の伝える型の形に拘泥し、理論から乖離すれば、当然わたくしなどは真っ先に「前のほうの方々」と同類になってしまいます。

稽古は、教えることが出来ません。型は理論であるということをよくよくご理解の上、どうぞご流儀の御稽古によってその深奥をお楽しみください。そうすれば必ずや「後のほうの方々」と同様の術の追究を積み重ねることとなり、離れの至極の存在する世界で稽古を楽しむことも、また苦しむことも出来るかと存じます。

分かりやすい形からの抜刀で離れを見てみます。右の抜き1に対して左の鞘引きは2〜∞という感覚で左右の半身それぞれ、両腕の動きを個別の運動でなおかつひと調子に完結しなければなりません。次掲図は居合術の抜きにはなっておりません。

鞘引きがまさに太刀を生かし、右腕を斬り落とされる虚を回避した抜きとなっており、切っ先が物理的に鞘から抜け出る以前にすでに抜けており、鞘は縦に落ちます。それゆえ切っ先はまた同時に相手に届いております。

これを離れと称します。

8

問◆黒田先生は武蔵のような二刀を使われることはございませんでしょうか。

答◆恐れ多いことです。お返事のしようもございません。

当家に伝えられる剣術の中には両刀居合詰という型がございます。太刀は腰に差したままの運用となります。二刀を振り扱うものではございません。

この型では、左右の身体手足を同時協調的に個別に働かせるということが大事です。片手片足を理論に則って働かすことでさえ、なかなか容易なことではありません。とは言え、その難しさを知る人でなければ、この型の難度を理解することは不可能かと存じます。

勿論、片手片足とは言え、型においては結局、全身体のひと調子の動きが要求されるわけですから、言葉で言い分けられるほど単純なものではございません。片腕ひとつでもどれほど難しいかという、遊び稽古の例をひとつご説明させていただいたうえで、この両刀型の難しさをご理解いただければと存じます。

術者（取）は、肘を伸ばして片腕を上にあげます。腕を下ろしやすいように仰角四五～五〇度とします。この腕は、肩の三角筋の緊張によって保持されております。一般に力みを取る、力を抜くと申しますが、その力をここで抜いてみます。受が片手を差し出し、この腕を支えます。力がきちんと抜ければ、取の腕は受にぶつからずに自然に落下します。もし、受が無理に支えようとすればその腰を崩されることとなります。しかし、受はそのぶつかりの有無を検査するだけですので、自身の姿勢を保ち、崩される腕の落下を自然に任せます。

もし取が、このように正しく肩の力を抜くことが出来れば、腕は重力に任せて自然に落下しますが、多くの方が、というよりほとんどの方がこの三角筋の脱力が出来ません。個人差もありますが、抜きに際して各人各様の肩周辺の動きをしております。

腕の挙上姿勢を保っている三角筋だけを素直に脱力することが出来れば、腕は落ちるのですが、これがなかなかの難事となって立ちはだかります。肘も含めて腕全体を緩めるような力の抜き方では、腕が柔らかく寄り掛かる形となってしまい、やはり受の腕に対してぶつかり、期待した動きにはなりません。このようにして、左右それぞれの腕を個別に練習してさえ、その成果はなかなか現れてはくれません。

そして、ゆくゆくは太刀を正しく振り下ろすために、これら肩周辺の不要な力を抜き、なおかつ上腕骨を引き下ろすための広背筋が正しく働かなければなりません。ただ肩の力が抜けただけでは、未だ太刀を真に振り下ろすには至りません。

このように、ひとつの筋肉を緩めれば腕が滑らかに下に落ちると理解できただけでは、人の身体というものはそんなに簡単に動いてはくれないということが痛感されます。いくら繰り返しても相手にぶつかる我が腕と格闘する図が日常の我々の、しかもたいへん地味な稽古風景のひとつとなっております。これほど自由にならぬ我が手足身体との格闘こそが型により身体を理論化するという本来の姿でございます。それが両刀の操作ともなりますと、たいへんな困難を覚えます。

昔、訳も分からず自分勝手に型の形のみを動いていたころは、教えられてもそんな難しいものとはつゆ知らず、新しい型に興味こそ覚えはしたものの、難しいなどという実感すら持たずに小太刀の要領で動いていたものでした。

そんなわたくしどもの現在の両刀の型は、本来のその位における型として生きていると自負しております。どこからご説明をしても難しいことに変わりはございませんが、まず歩法がございます。そして、小太刀の変化を見せぬこと、消すこと、左手の太刀の操作も同様です。いつの間にか次々と形を滑らかに、そして消える変化を連続させなければなりません。

動きの一つひとつは、すべて相手を崩し、誘導、あるいは操作しうるだけの働きを持っていなければなりません。

間合いが詰まり、受が取に打ち込んできたため、その相手の太刀を小太刀と腰の太刀をさまざまに操作して受け応じ、斬り返しなどする形式を学ぶ、などということのみを繰り返していては、まさに形骸あって実質のないものとなりましょう。受をして、思わず知らず体構えを崩させ、居ないところを斬らせ、太刀勢を委縮させることのできる体捌きこそが学ぶべき術なのです。

まず、柔術で言うところの無足の法が働く足捌きで間合いを詰めよれば、受にとってはその遠近が把握しづらくなり、打ち込むべき間を押さえることが出来なくなります。そこへすかさず取の誘いの変化が現れ、思わず受は太刀を打ち込みますが、防御態勢を取りつつの斬撃となるためその太刀勢は大きくそがれて、死太刀となります。こうして術者である取は、受を翻弄しつつ留太刀を打つこととなります。

皆さま、そんな風に動けるようになりたいと、日々、稽古を楽しんでおります。

両刀居合詰とは

下掲第１図～４図は三角筋のみの脱力の有無を判定しておりますが、第４図は三角筋ほか周囲の筋肉も脱力できずに停滞しております。肘は伸展させたままの順体とし、三角筋のみが脱力できたときのみ腕は重力に引かれ落下します。

下掲第１図～８図は型の中で大事とされる状況の逆転部分の有無が見て取れます。目に見える攻防以前の心身の変化応対こそが大事であるとされるゆえんです。

第3章 上達・成長の本質

1

問◆先生の仰るゆっくりとした一調子の動きが出来るようになると、加速的なスピードを捌けるようになるのはなぜでしょうか？

答◆理論的な優劣論は無意味です。

昔々、侍はひと調子の剣の使い手の動きに対処するために型を稽古しました。すなわち消える動き、消える剣の動きに、いかに対応するべきかを研鑽したのです。今日的言葉で言えば、等速度であらゆる方向に動き、最大最小理論にのっとって移動し、気配のない無足、あるいは浮身などと称される身体技法を修練したのです。それらは現代的合理主義的な一般的な感覚からすれば異次元、異端とも取れるような理解不能な技法です。いとも形骸化しやすい非常に繊細でもろい文化遺産です。ただ、侍たちは日常的にそれらに命をかけることが可能だったために、名人達人伝説を残せるような人間を生むことが出来たのです。そんな世界はもう存在しておりません。とくに戦後の教育によって、日本人は大きく変わりました。現在世間を騒がせているような事件の数々は、本をただせば教育とその教育環境ということに尽きると思います。

武蔵と小次郎の闘いを見た侍の手記には、二人が近づいたと思ったとたん小次郎が倒れ、いったい何が起こったのか見えなかったと記されていたとか。武術というものは、伎倆の高いもの同士が闘えばかくのごとく、ただ見てもスペクタクル的なおもしろさは何もないのです。無意味な闘争は避けて通るのが武術の本旨です。見て楽しめるようなものとはおのずと考え方、稽古の方法論が異なります。

加速度的な速さといってもどの程度の速さを基準にするかによって、捌けるか捌けないかが不明瞭になってくると思います。まして、闘争的な強弱論になれば、そのような問題はとうぜん無視されるべきではないでしょうか。理論的な優劣論は無意味です。それらは個人的な強弱の問題であって理論の問題ではありません。

2

問◆どれほど強くなったかを検証するために、剣術ならば竹刀稽古、柔術ならば乱捕りのような実戦的な稽古は必要なのではないですか?

答◆型を稽古していれば、その未熟は自分自身がよく理解できるものです。

型を見れば、どれほど使えるかはわかる、と、ある古流の先生がむかしおっしゃっておりましたが、わたくしもまたまったくそのとおりだと考えるひとりです。さきの「使える」というのはもちろん強い弱いという観点も含めてのことだと思います。

祖父もよく申しておりましたが、撃剣といって竹刀剣道が流行り始めたのは江戸も中期をすぎてからのことで、それ以前はもっぱら型稽古によって、その伎倆を練ったものです。きちんとしたことをきちんと正しく学ぶという環境がまだととのっていた時代です。人も環境も考え方も異なる時代です。ひと昔、ふた昔まえのわれわれの身近な方々、先輩諸兄を理解することすら、もうすでに不可能な世代の隔たりが存在しているのですから、とうてい現代の日本人にその当時のことを理解することは不可能だと思います。

では、現代人のわれわれはどのような思いで古伝の武術を学べばよいのでしょうか。武術というからには当然強さも必要でしょう。それはわたくしも充分にわきまえているつもりですが、では、強くなるためには何をどのように学べばよいのでしょうか。それがわたくしどもには歴然と残されております。それゆえに、安易に仲間同士で強弱優劣を未熟なうちから競い合うという弊害にさらされずにすんでおります。

まず、素振りを教えられます。どなたにも腕の上下運動など馬鹿らしいと思えるほど簡単容易におこなえます。しかしながら、毎度のご説明になりますが、それが果たして正しい「素振り」なのか、侍が伝えようとした剣の振り方なのかということを再検証してみますと、なんとわれわれの体は、いっけん単純素朴な腕の上下運動すら正しく行えないということが理解されます。両肩の筋肉を単純に働かせてしまいますと、受にぶつかり、軽く上げることができません。そして、斬りそのものである振りおろしになると、もうこれは普通人にはとうてい不可能な身体の働きが要求されているということが明快に理解されます。ただたんに人より多くの回数を振りこなせばすぐに衆に抜きん出ることができるなどという次元のものではありません。

また、そもそも武術における本来の強さとはいったいどのようなものなのでしょうか。相手と闘って勝つということが第一義、大前提となるならば、術技的合理性のまったくない喧嘩の要素が大半で勝ちを納めたような場合、あるいは相手の失態によって勝ちが転がり込んできたような場合等々において、それらを武術によって勝ちを得たと称してよいのでしょうか。それはわたくしの嫌いなたんなる喧嘩、争闘でしかないのではないでしょうか。

我々には、修行半ばでそのようなことを試している時間も余裕もありません。剣や柔の術技をきちんと修めた武士として戦いの場で十二分にその業を発揮できるような本来の身体をまず創りたいのです。となれば、型を稽古していれば、その未熟は自分自身がよく理解できるものです。他人とし合うに足るだけの武術的身体を獲得しているか否かは自覚的にも他覚的にも明白なことです。だからこそ、修行者に対してひとつの目安としての目録、免許といった階梯があるのです。それとて、目安にしかすぎません。たとえ免許を許されたとしても、いやそれほどの腕になればなるほど、その上なる稽古が見え、わが身の未熟をおそれるようになるものです。そのような段階における心構えが理解できてはじめて「めったなことで人と勝負などということはさけるべきである」という教えも理解できるのでしょう。実際、し合うにしても、そのような修行を経た者同士となれば同門どころか、たとえ他流の方であっても、勝って拳や両腕を頭上に振りかざすなどという、侍として破廉恥でおろかな行為は出ようもありません。

武術の修行には長い年月が必要です。その稽古によって自身の身体が変り、動きの質が変化をし、非日常的な動きが次第に日常化する愉しみ、喜びはその稽古相手をしてくれている方達とともにあるのです。流儀はちがえども、同じ次元の稽古人を相手にした場合、それが真の勝負を競うものであればあるほど、その術技を尽くすことに精魂を傾ける満足感、喜悦感こそあれ、その結果の勝ち負け自体に執着はまったくありません。ご自身の技術の上達と共になにごとか勝ち負けを競い合いたいというかたがたには武術はけっして向きません。そのような方々には競技武道や各種運動競技がよいのではないでしょうか。昔から祖父も武術とスポーツのこのような違いをよく申しておりました。

武術は、慰みものではありません。

実手巻き取り動作の検証

実手の巻き取り動作で受にぶつからずに巻き取れるかどうかを検証してみます。正しい動作は受にぶつからぬため両腕の筋肉の動きに緊張も起こらず、受を崩しつつ巻き取れます。多くは適切な巻き取り動作とならぬため受にぶつかり、その抵抗により動くことができません。

ぶつかってしまった例

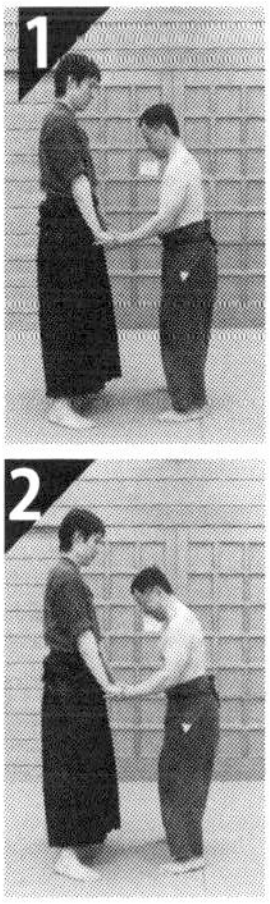

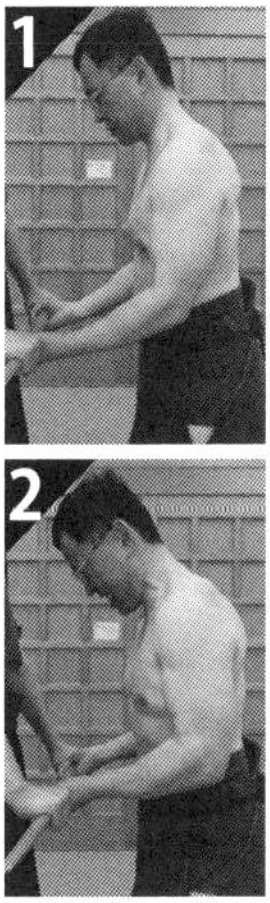

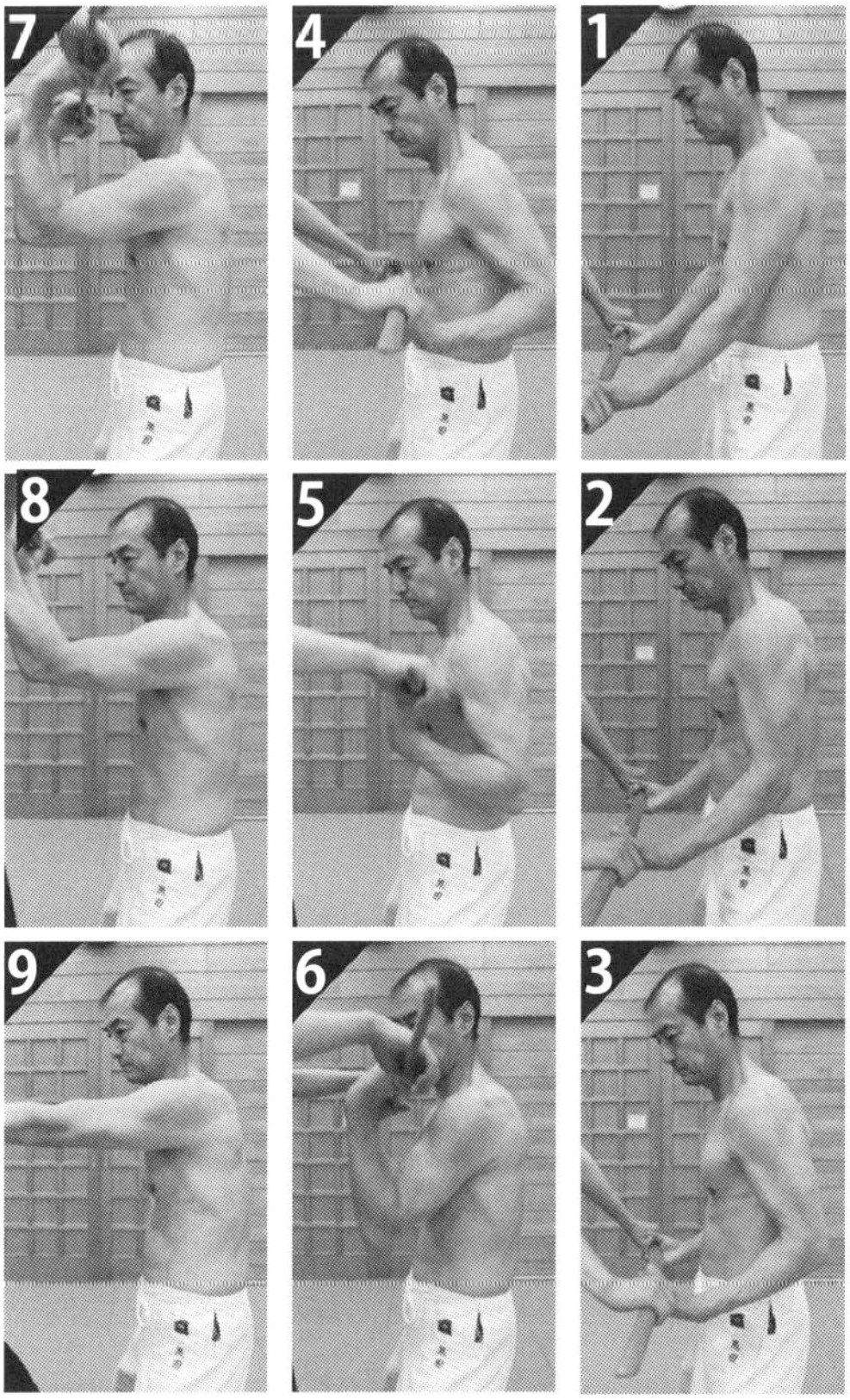

3

問◆黒田先生ご自身のお稽古で、いまだに苦心、お悩みなどありますでしょうか？

答◆いくつになってもまだ上達が期待できる世界が楽しくないわけはありません。

いっぱいありすぎて困ります。うれしい悲鳴をあげております。しかしそれは、特殊な身体の使い方、動かし方ができないから困っているという意味ではございません。

特殊、と申しましたのは、わたくしにとっての個人的な見解にすぎませんので、動く方にとっては当たり前のことかも知れませんが、たとえば、身体の柔軟性などに見るような、日常的な可動範囲を大きく、驚異的に上回るような動きを申しております。そのようなことがまだできないでいるから難渋しているという意味ではございません。もちろんこの歳ですから、そんな柔軟性などを求める気にもなりません。

たしかに年相応に身体の生理的な機能は衰えつつあると思います。それは人の正常な過程で、当然のことです。

祖父が言っていた「歳を取ったらとったように使えばいいじゃないか」という言葉を実感できるようになってまいりました。力の絶対否定の世界を歩む我々は、たしかに年齢性別に無関係の世界で武術を楽しんでおります。

お寺のご住職がこう言っておりました。「よくみなさんはあの世ということをいうが、この生きている今が天国でなければなりませんよ」と。わたくしはこのお言葉を聞いたとき、ほんとうにそのとおりであると思いました。ある宮司の方から「本来ならば、この方は、この八月に亡くなっている人だ」と四十代のときに言われたこともありました。本当に「生かされている」という言葉を肌身で感じたことでした。たしかに、わたくしは今こうしてこのような生活を送らせてもらえて、「現世が天国である」とありがたい気持で思っております。

苦心、悩みと申しましても、それがうれしいくらいですから、苦悩、苦闘とはおおいに異なります。毎回の稽古で型や遊び稽古などをしておりますが、型がさらに少しずつ尖鋭度があがっております。弟子たちに型を見せても、見えない部分が領域を増しております。

半身から半身へとたしかに百八十度身体は変わっておりますが、弟子たちに聞けば、構えから次の構えへと一瞬で身体が変わったかのように見えるとのことです。

身体をほんとうに働かすということは、型に執着してはじめて理解できるものです。いくら見せても、手取り足取りして指導しても、人の身体というものは、そう簡単には動いてはくれません。こうして動ける限りの動きを型で錬った身体が日常に存在するとき、はじめて身体を通して心の働きが外に表現されうるのではないかと実感しております。

四つに組んで右あるいは左足を受の右足に外側からかけるのですが、組み合っている胸はまったく動かずに気配を受に伝えてはなりません。そんな遊び稽古も、以前は前倒れの無足で左足をかけておりました。もちろん順体を崩さずに倒れかかるからこそ、受の重さ、抵抗は消えます。足がかかる以前に、受の腰が崩れるからです。

これが現在は、順体の前倒しはそれだけでひとつの遊び稽古として独立した稽古となっており、左右の足を受の右足にかけるという稽古は、まさに無足の法の稽古として分離しております。

ここでは、受に足が動いているという気配は伝わりません。受は、いきなり足を払われるという感じとなります。あるいは誰か別の者に後ろから払われたと感ずるようです。そこに居ていない身体というものを、見える形で普段の稽古としてできるようになりました。

三十年ほど以前は、ひと調子の動きが大事であるという観点から、「ひと一つ」と言いながらの動きをくり返しておりました。

しかし、まさにそのひと調子を動くために、順体という絶対基本があり、その順体を崩さずに等速度で動かなければならないのです。

さらに、その動きを支えるために無足の法が欠くべからざる術法であることも明確になりました。ひと調子の動きとは、そんな極意の動きそのものなのでした。そんなことが明確になった以上、たんにひと調子に動くことを求めての稽古は、段階をとばして、いきなり極意を求めているに等しいことも理解できたのです。

遊び稽古という稽古法が定着したのは、それだけ理論的な稽古法が確立されてきたことを証明しております。剣術を引っ張ると言われた柔術の素養が欠けていたわたくしは、その遅れを取り戻すべく柔術三昧の稽古の日々を三十代も半ばを過ぎてから開始しました。

やればやるほど、その面白さは興味が尽きません。それは、見えない情報を察知する能力が深まるたのしさでもあり、人の身体がそのような情報によって瞬時に反応を起こすという感激も知ることができました。

そんな世界の延長上にしか、名人達人伝説は存在しないということも肌身で感ずることもできました。この歳になっても若い世代の方々と存分に稽古をすることができ、まだまだ上達が期待できる世界が楽しくないわけはありません。

無足の法による足払い

双方右肩を相手の胸に接した状態で軽く四つに組みます。受は、胸はもちろん、取の身体が何か動く気配を感じたらすぐに取を停止させます。図のとおり、取は左右への重心移動を受に知らせずに静かに右足を受の右足の後ろへ送ることができました。ゆっくりと正しく動けなければ無足とは申せません。

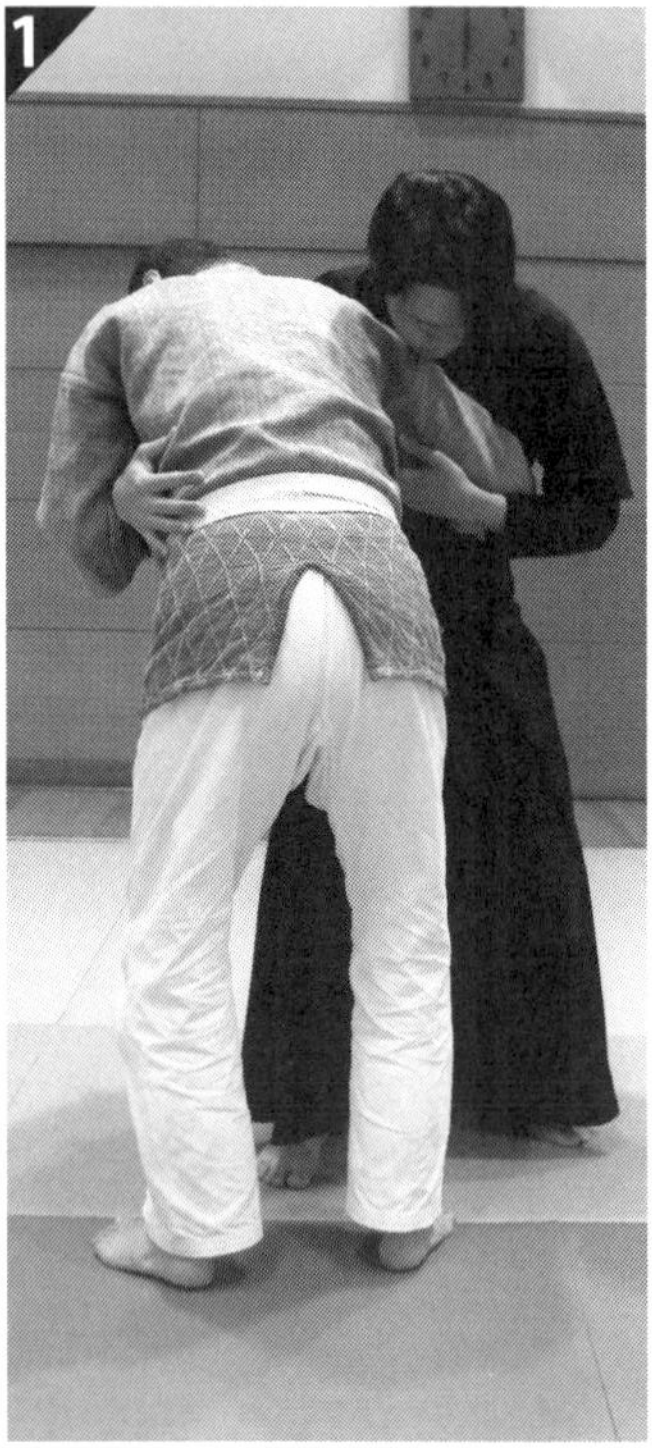

4
3

4

問◆黒田先生の全盛期と言われる居合を初めて観て、驚きました。力の絶対否定から、どうしてあのような速さで刀が抜けるのか不思議でなりません。

答◆「全盛期」ではなく、「前世紀」ではございませんでしょうか……。

最近、十数年前の合宿の映像を古いテープからＤＶＤに変換するために、久しぶりに眼にいたしました。画面の中のわたくしは、五十そこそことは言え、まだまだ未熟な身体を画面にさらしております。今のわたくしには、当時の自分を指導したくなるほどの苛立ちすら感じました。

小太刀の型を指導している映像がありました。たしかに長年の稽古を経ておりますので、一見速い手捌き、体捌きと眼には映ります。胸もそれなりに働いていて悪くはないように見えます。しかし、今の自分から較べれば、その胸の働きもまだ足らず、総体的な未熟を感ずるばかりです。

現在とは異なり、その映像全体では遊び稽古が少ないのが気になるほどでした。理論集中という環境はすでに当時からのものと思っていたので意外でした。いや、あるいは普段遊び稽古ばかりが主体となっていたので、合宿のおりに各人の型を進めていたという場面だったかもしれません……。

この合宿時の稽古の内容を日誌で確かめるまでもなく、いずれにせよ未熟なわたくしがかつて未熟な弟子たちと共に型を稽古していたのでした。こんな稽古の積み重ねで今日があるのだと、感慨深いものがあります。その後の十数年を、未熟者同士が毎年合宿を重ねて参りました。当時と比較するまでもなく今日では心身の働きの上昇はみなみな顕著なものがあります。「あの人はこんなことをやっていたのか」「この人はこんなことも出来なかったのか」「あの人もこの頃はこんな型を始めたばかりだったのだ……」と。

五十代のわたくしですら、そんな状態でした。四十代ともなれば、さらに眼につく未熟は隠せません。ご質問に全盛期とありましたが、前世紀とも言い換えられる古い映像における未熟な居合を、そのように観ていただけて汗顔の至り、まことに恐縮千万、ありがたく存じます。

しかし、それらは若気の至り、まだまだ力を否定しきれずに抜いていた時代の抜き付けです。わたくしは自分の過去の映像はほとんど見ません。過去の下手な自分に文句の届けようもありませんし、未熟な自分自身を観るに耐えないからです。本当の居合というものを漸次ご理解していただけたなら、まことに嬉しく存じます。

終戦後のこと、ある剣道大会で祖父と父が共に居合を演武いたしました。そのあとの宴席では剣道家たちが両手にお銚子を持ち、みな父の周囲に集まってしまいました。その父がふと祖父の方を見やると、祖父はひとり手酌で飲んでおりました。父はよくこの話をわたくしにしてくれました。「自分のような、力んだ固い居合を抜いている人間の技を、みな凄い居合だと誤解をし、自分などとは較べようもないほど遙かなる人の居合は、誰も正しく評価しえなかった」と。

一般の方々は、どうしてもまず速さというものに眼が向いてしまい、居合術の本旨を真に理解する人はたいへん少ないようです。いや、武術を学んでいないのですから仕方がありません。一般的観点からしか見えませんし、判断することも出来ません。それがまさに一般人の眼というものですから、わたくしは人の評価は気にせず、さらに奥を目指して自己の修行に精進しております。

力の否定は幾度も説明してまいりました。武術を学ぶうえで否定されるべき「駄目な力」というものを、一般的な言葉で、それを使ってはいけないと言っているのです。その力の絶対否定という世界で祖父は育ち、いつの間にか筋骨たくましい身体を得たのでした。

祖父は力の絶対否定という概念しか持っていないのですから、そんな力をいつまでも保持しようなどという考えは当然ありません。「歳をとったらとったように使えばいいではないか」と言う人でした。身体そのものを術技的に働かすということは、筋力とは無縁の世界だということが骨の髄までしみ込んだ人でした。

たしかに剣を相手にいくら肉体そのものを鍛えてみても無意味です。祖父は幼少からの稽古量の豊富さにより、筋骨たくましい身体が結果として備わったというだけで、そのための即物的な訓練はいっさいしておりません。それどころか、そんな雄偉《ゆうい》な身体を獲得した人が「絶対に力を使ってはならぬ」と厳命するのです。

力の絶対否定ばかりではなく、一般的な足の使い方を否定した無足の法なども、一緒に学んでいてさえ修得困難なものです。学べば学ぶほど、いかに自分が何をどれほど理解出来ているのかという疑念が深まるばかりで、その奥深さは計り知れません。その難しさを、一般の方と言葉だけで共有することは不可能ではないかと存じます。

そんな修行継続中のわたくしにも、いつの間にか本人も知らぬうちに全盛期があった、とは笑止千万、愉快痛快でございました。

『型』とは
自在を得るための理論である。

下掲第１図～６図および次ページ第１図～４図は、それぞれ自在な小太刀並びに力の絶対否定を前提とした相手にぶつからぬ抜刀を行っている現在の著者の動き。

1
2
3
4

五十代前半の著者の合宿時における型の指導風景です。

5

問◆黒田先生が仰る下手な稽古というのが、どうもよくわからないのです……。素振りなど回数を多く振るのはどうなのでしょうか。

答◆稽古を共にしてさえ誤解、理解不能のことも多々ございます。

身体を通しての理解が前提にございますので、このような術語を駆使しての説明は、多く一般の方々に誤解や理解不能を惹起《じゃっき》することは当然のことかと存じます。

英語で日本語の下手と駄目をきちんと区別して、それぞれの意味を明確に表現するのに苦労します。というよりも、このような日本語独特の言葉や術語などは英訳できないことはご存知のことと存じます。そもそも文法上、わが母国語には二重主語（主格）という特徴がございます。敗戦後七十数年を経て、米国統治時代の種が巨木に育った感を否めません。母国語で我が同胞に伝えたいことがうまく伝わらない、あるいは誤解をされるという大きな溝が、十年ごとの各世代間ですら存在するようになりました。このようなことを踏まえても、武術の術を伝えるということに関しましては言葉を失うしかございません。ただ確かに言えることは、そこに見えざる型がある、ということだけです……。

下手も絵のうち、という熊谷守一《くまがいもりかず》翁の言葉がございます。翁にとって絵はその人の人となりを表すもので、上手も下手もないというのです。すると、駄目な絵などというものもないことになるでしょう。こうなると、なるほどとしか言いようがございません。

ここに言う「下手」とは無限の可能性を秘めた原初的なものです。絵画に限らず、舞踊その他の身体芸術なども同様に言えることかと存じます。下手が上手になり、超絶技法を表すようにもなります。そこに至り、充分すぎるほど身体の内外が働き、非日常的な動き方がその人のごく日常的な動作となるにおよんで、無意識な動きでさえもそれは芸となり術技となります。それはその人にとっては日常が型であり、型によってすべての日常動作が理論化された自由な動きでもあります。

ここに至り、その身体は心の働きを外に表すことをも可能にします。その至芸は芸を忘れたごく平凡な日常の姿でありながら、高い芸術性を表すこととなります。つまり術技らしい術技、芸らしい芸としてみれば、まるで素人のような仕草、動き方でしかないようでいて、高い完璧性を併せ持つものです。どこにも術技だった所作など見当たりませんが、そこには形骸的な美や目に見える術技などを超越した、まさにひとつの完成された姿、心の在り方そのものが表現されているのです。

さて、わたくし共に伝えられた流儀は、古の戦いの中から生まれた闘争術が型という理論に昇華され、体系立てられて今日に至ったものです。命のやり取りが前提にありますから、刀槍の術が下手では困ります。上手な者にたやすく命を奪われてしまいます。そうなると駄目な稽古をしている者は論外です。その闘争の場、戦場では生き残れません。

駄目な稽古というのは、その流儀の理論から外れた我流の動き方を言います。それでも一見速くも見え、力強くも見え、上手にも見えます。しかし、あくまでも個人の素質にもとづいた我流のため、その人固有の癖も存在します。型の形は同じ事をしていても、身体の使い方や動き方そのものに齟齬《そご》や誤謬《ごびゅう》を見出せます。それらを流儀はすべて否定します。人の日常的な動きや個性は、すべて否定されるのです。そこでは型が動くのみで、動けば理論となるような正しい動き方そのものが要求されております。

人が動く際には動きの気配が生じます。その気配は否定されます。さらに目に見える動きの気配ではなく、目に見えない攻防時の思念の気配さえも否定されます。祖父泰治は打とうと思わずに打てと言いました。脳が打てという信号を発するからこそ、身体は動くのですが、その信号を出すなというのです。そんな無理難題を祖父の修業時代は当たり前の課題としてすませていたのです。

一般体育的な運動競技の世界とは大きく異なる、そのような術技主体の世界で育まれた人間の動きは、たとえて言えばあたかも手品のごとく、見えない動きです。その動きが終わった後、見えない動きだった、という感想が残るだけなのです。以上のご説明で、いささかでもご理解いただければ大変ありがたく存じます……。

まとめとして、下手とはただ動き方が稚拙なものをいうのではございません。理論から外れないように、絶えず自分自身の動きに細やかに気を配りながら、その動き方の正否を意識しつつ稽古を積み重ねる態度を保持しているものをいうのです。一方、上手に見えても我流で理論を無視し、あるいは理論からの逸脱に気づかずに型を数多く動くだけのものを駄目な稽古といいます。その我流の動き方ではない理論的な動き方になるように考え方、態度を見直さなければなりません。見た目上手で駄目な稽古とはこのことでございます。

理論という稽古風景

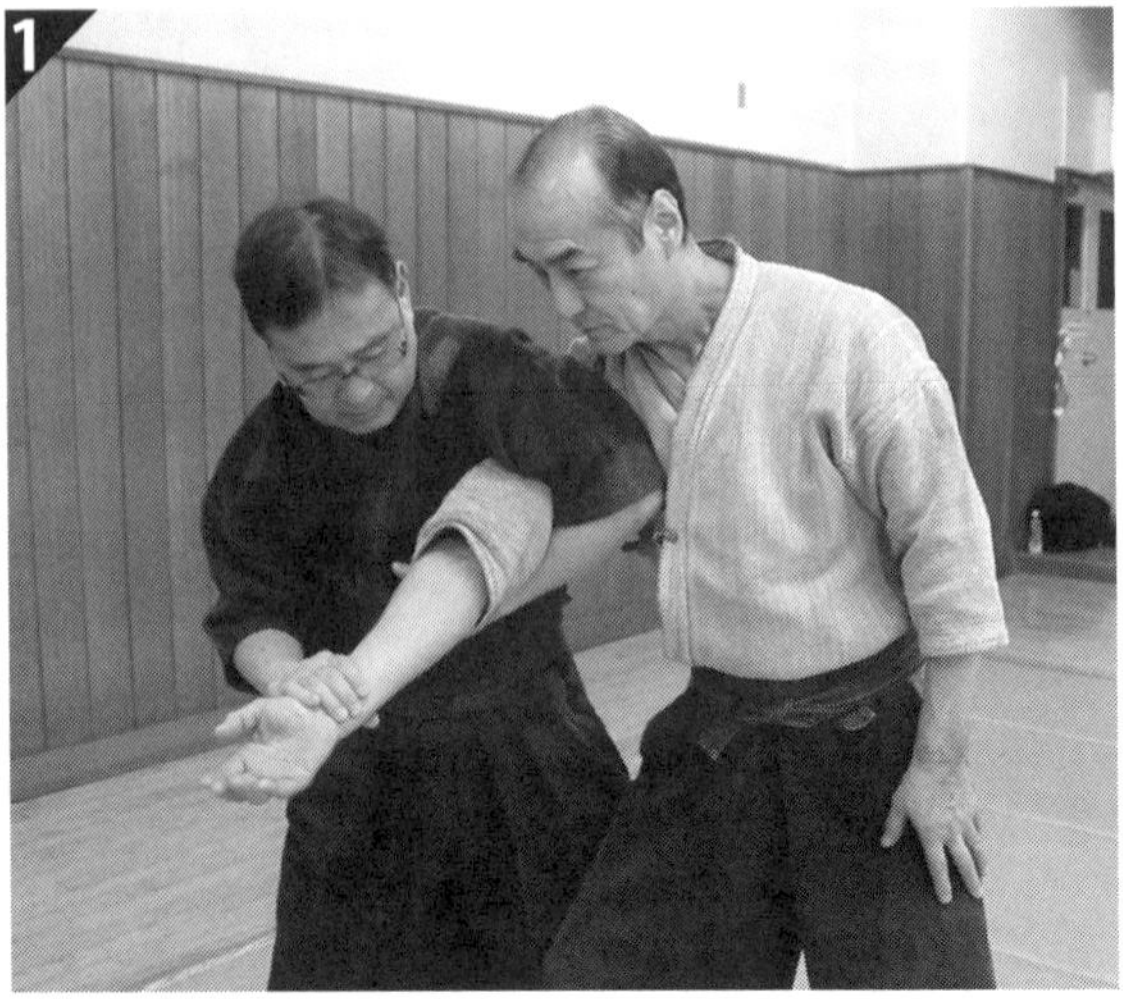

第1～2図は肘を曲げる筋肉の働きを、非日常的なものに転換させるための遊び稽古です。第3図は型（四之身）の投げの部分を集中的に稽古をしている図です。人を崩すということを、力を絶対否定される剣の世界で見直せば、どの型をみても至難の動き方が要求されていることが理解されます。自然に崩され、投げられることを待っているだけの人を軽やかに投げ崩したいのです。

3

6

問◆年齢が上がるのと稽古の上達とが平行線というのは鉄山先生のお歳では現実感がまったくしません。ところで、先生は身体の健康状態も平行線なのでしょうか。

答◆とんでもございません。人としての老化はごく正常に進んでおります。

それゆえにこそ、この上達し続ける楽しい稽古世界を少しでも長く楽しめるようにと、人並みに健康維持には「気を遣うように」しております。

煙草は吸いませんが、飲酒は習慣化しております。食事は五十代の頃から血糖値に気を付けて「低インシュリン・ダイエット」を持続しております。この食事療法はＧＩ値の高い物に気を付けるだけで、なんでも食べられます。わたくしは主食の白米を玄米に替えておりますが、この食事療法ならば食生活の不満は起こりません。全否定ではなく白米を含めてうどん、そうめんなど白い食品を主食から遠ざけるだけですから。

三年前（２０１７年）の健康診断で前立腺のＰＳＡ値が高かったので針生検を受けたところ、扁平上皮癌がみつかりました。幸いなことに浸潤性、拡散性のない細胞とのことで、それ以後半年ごとに経過観察のための診察を受けております。お薬等はでておりません。

また、例年春先に空咳が出て初夏には治まるものが今年は七月にはいってもなかなか止まず、家族がアレルギー性のものではないか、一度診てもらえと心配するので、呼吸器内科の専門医に診ていただきました。この咳、咳払いの症状ですが、稽古中や横臥しているときはおさまっております。その時の診察結果は、ごく軽度の喘息ということで、数値的には専門医でなければ喘息の診断はつかない程度のものでした。

ただ、このとき各種の検査をしていただいたのですが、こんなわたくしの体で肺活量が予想平均値３９４０ｃｃを大きく上回る５５００ｃｃあり、医師から素晴らしいですよと言われたとおり、肺年齢は39歳でした。自分でもせいぜい４０００ｃｃ前後かと思っておりましたので、うれしい結果に我ながら驚いた次第です。

今わたくしは、ここ数年来お茶代わりに無調整牛乳を飲んでおります。わたくしはコーヒー党ではないので、家では自分からは飲まず、その分、抹茶を茶筅《せん》でかき混ぜてよく飲んでおりました。

この物言いでお分かりの通り、茶道を嗜むものではございません。ただ健康飲料として飲用していただけでございます。それが海外合宿の朝食時に弟子たちがカフェオレなどを飲んでいるのに、数年前からご相伴するようになりました。帰国後も牛乳を沸かして、そこへ小匙一杯の粉末コーヒーをいれて、茶筅で充分にかき混ぜ、カフェオレと称して飲みだすようになりました。それがお茶代わりになりましたので、コーヒー投入を減らし、あるいは牛乳だけを茶筅でかき混ぜ細やかな泡を立てては飲むようになったのです。

牛乳を常時飲用している人たちの血圧の平均値が、飲んでいない人たちよりも低いということをだいぶ以前に聞いたことがあり、それが頭の隅にあって、健康に、いや血圧によさそうだという下心もあってのお茶代わりとなったものです。以前は年齢的に130台から140台の数値でした。とは言え、それらは深呼吸をしては数回計測して一番低い値です。年齢的に昔なら普通の血圧だったのでしょうが、いまは130を越すと高血圧症だとされてしまいます。ちょうどその限界値あたりだったのです。

それが針生検のとき、2週間禁酒を余儀なくされた時、血圧が低めになったので、わたくしの日常の血圧は飲酒のせいであったか、と知った次第でした。しかし、夕食時に飲酒は欠かせません。それが、この牛乳を多く（一日に約1リットル弱）飲むようになってから、朝の血圧が下がり始めました。それが一昨年くらいからでしょうか。週の平均が寒暑に関わらず120台となり、やがて

110台となりました。

現在の週の平均値は先週のものですが、上が103、下が63でした。今もお茶代わりの牛乳を飲みながらこの原稿を認《したた》めております。そんなことですから、わたくしにはおかげさまで常備薬というものはございません。

あと何か、といえば昔、と言っても七年ほど前ですが、腹囲が規定値より若干多かったとき、医師から「後は運動だけですね」と言われてそれ以来、体重管理をそれまで以上にするようになりました。ハンドルを両手で握って体重計に乗る体組成計で記録を取るようになりました。68歳時の体年齢が49歳でしたが、ひとつ年齢が増えてからは良くても50歳止まりでした。一定の資料に基づいて測定されるので、50以下の数値はでないものと思っておりました。

そんな最近NHKのピントレをやりましたが、どうも……ということで自己流に超長時間にしてやり始めたところ、毎日軽い筋肉痛を覚えるようになり効果を実感しました。それと稽古とで、思ってもみなかった体年齢49歳が蘇り、測定器を見直した次第です。

酒と牛乳がお友達

ご覧の通りの図像でとくに説明はございません。本文にございますピントレにより、始めてから数ヶ月というか半年近く、主に臀部下部から大腿部周辺の筋肉痛が続き、まさかこんなにいつまでも芯の痛みが抜けないものかと驚いております。おかげさまで大腿部周辺の筋肉は幾筋も筋がくっきりと割れてまいりました。稽古時はとくに何事もなく動けておりますが、寝起きのとき、腰を下ろすときなどに渋い若干の痛みが続いておりました。稽古と相俟ってなかなか充実感満足感のある日常でした。

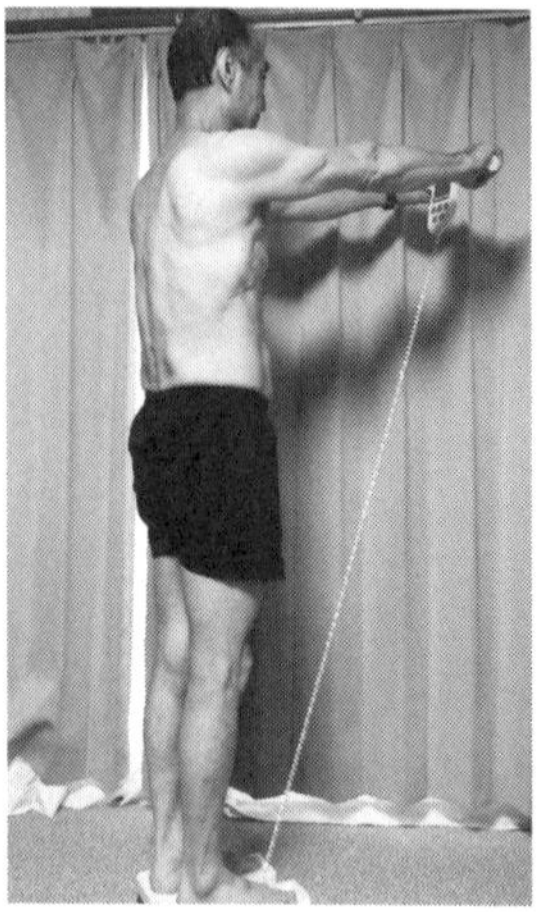

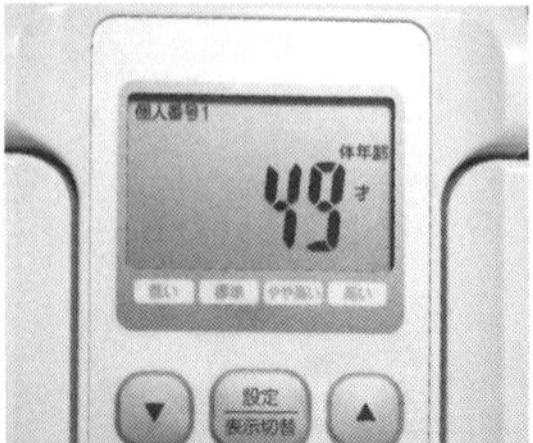

ID:4616　　　氏名:　　　　　　　　　　　　測定日:2020年7月7日

◇1秒量による肺年齢・COPD評価

あなたの肺年齢は、３９歳（－３０歳）です。

コメント：異常なし

肺疾患の可能性は低いです。同性同年代の平均値に比べて数値が良く、今後も定期的な呼吸機能検査を続けて健康を維持してください。

＊肺年齢の評価は目安ですので、最終的には医師の診断を要します。

	実測値	予測値＊	%
1秒量(L)：	3.94	3.12	126.2
1秒率(%)：	78.64	81.05	97.0

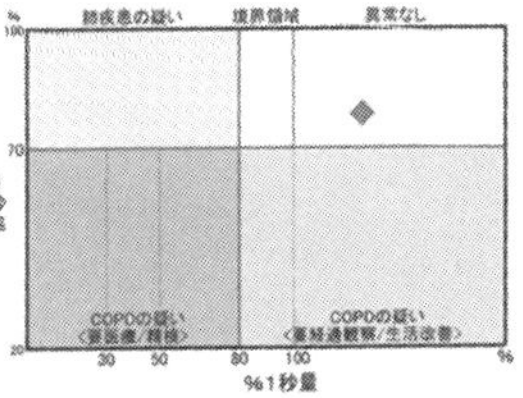

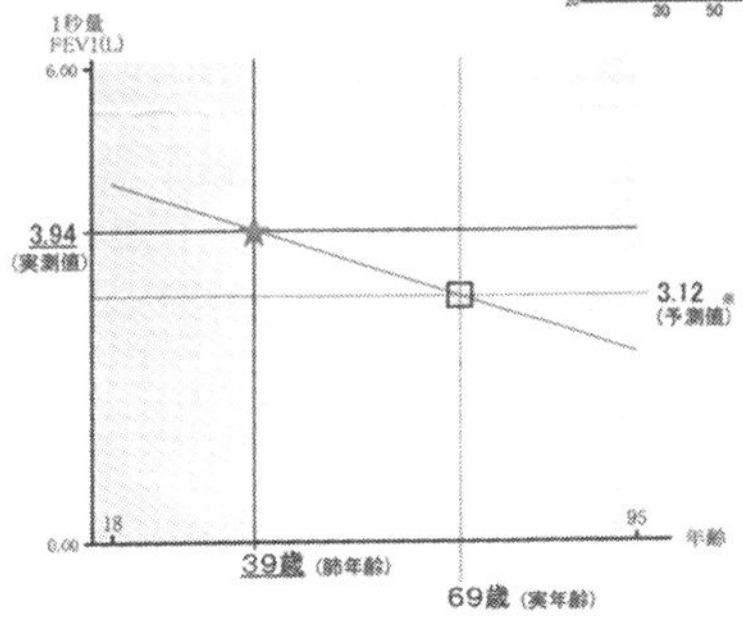

性別：男性
年齢：６９歳
身長：１７３cm
体重：６６kg
BMI：２２．１
喫煙歴：
喫煙指数：

◇%肺活量による拘束性換気障害評価

	実測値	予測値＊	%
肺活量(L)：	5.50	3.94	139.5

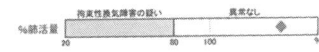

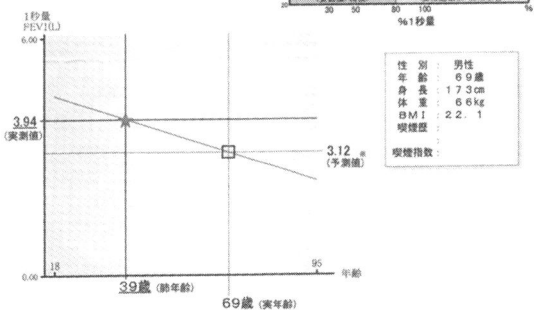

コメント：異常なし

※レポート内の予測値は、日本呼吸器学会(JRS)肺生理専門委員会(2001)の標準回帰式から求めています。(検査装置の予測値と異なる場合があります。)

7

問◆コロナ禍の状況の中、以前とは当然異なった稽古法をされていると思います。現在はどのようなお稽古風景なのでしょうか。

答◆以前の遊び稽古の形を変えたり、手を触れぬ新しい形のものを考案しました。

昔、お医者様の講演で、これからの人類はウィルスとの戦いであると聞いたことがございましたが、まさか現実にパンデミックを経験させられるとは夢にも思っておりませんでした。みなさまそれぞれたいへん苦しい社会生活のなかで、制限はあるとはいえ、再び道場に集い、稽古を楽しむことが出来るだけで、ありがたく、幸せをかみしめております。

緊急事態宣言が発令された当時は、もちろん家で息を殺すようにして逼塞《ひっそく》しておりました。その間、祖父泰治伝に関する筆を進めようと、古謄本やら祖父の古日誌、茶褐色に変色した古いページの角が崩れ落ちるほどの下書き原稿やらわたくしの学生時代の参考書などを調べたりしておりましたが、幼稚園、学校が休みとなれば、孫たちの書斎への闖入《ちんにゅう》が始まります。とくに幼稚園児の下の孫たちは上の孫たち以上に活撥《かっぱつ》で、思うように筆を進められないどころかぴたりと完全停止いたしました。稽古での完全静止、完全停止は大歓迎なのですが……。ま、それも今回はさほど長期間にならずに済んでほっとしたところです。

さてコロナ禍での稽古ですが、今までのように受と取双方が触れ合っての稽古は禁忌事項となりましたので、まず柔術の型稽古はとうぶん控えることにいたしました。剣術や居合術は、ひとりでも型稽古はできますが、理論検証の際の非接触での形を考えなければなりませんでした。以前の遊び稽古の形を変えたり、手を触れぬ新しい形のものを考案したりして稽古を再開いたしました。

やってみたところ、理論集中のための稽古の切り口が変わっただけですが、稽古をしているその理論一点の理解がより明確に、より深く自覚、他覚できました。直接手を触れずに木刀や居合刀などの諸武器を介在させての遊び稽古は今までにも行っておりましたが、この稽古方式の変化で道場での稽古が、わたくし自身とても新鮮でいっぺんに楽しくなりました。ま、久しぶりの稽古ということもあっての相乗効果も含まれているとは思いますが……。

そんな六月からの稽古再開でしたが、二年に一度の埼玉県伝統武術演武大会の中止の知らせが届きました。各種大会や行事が延期、中止を発表している中での知らせでした。稽古再開とは言っても、地元関東地区内だけで、国内外の合宿はもちろん、関西へはいまだ行けずにおります（二〇二〇年九月末現在）。そこで主に関西稽古会の皆様に向けての遊び稽古の映像を観てもらうことも遅ればせながら七月から始めました。その内容は、振り返ってみますと居合術に関したものが多うございました。やはり、若い頃、毎日ひとりで太刀を抜き続けていたことから、一人稽古となると自然とそうなったものか、コロナ禍での安全確保の観点からそうなったものか自分ではよくわかりませんが、難しさを楽しむという点においては超タノシイお稽古かと存じます。

夏季にはいり、道場では換気のため出入り口や窓を開放してあるので、例年とは異なり冷房が使えない状態となりました。加えてマスク着用です。さらに更衣室やシャワー室も使えません。そこで熱中症対策のため、ごく軽装を旨とし、各人自由な服装で稽古に参加していただきました。蒸し暑い中、これはかなり快適でした。秋口になっても更衣室など未だ人数制限があり、使い勝手が不便な中、軽装が長めのものに変わっただけで稽古着姿はややふえたものの、まだかつての稽古風景にはもどってはおりません。上は半袖で下だけ袴の方もおられます。みなさんそんな思い思いの恰好で稽古に勤しんでおります。

さきほど居合の動画が多いと申し上げましたが、各稽古日に居合、剣術を交互または同時に行っております。一例をあげます。木刀では腰の高さで行いましたが、居合では胸の高さに太刀を水平に構え、受に取の構えた両手の外側を把持してもらい、取が太刀を抜きはらうときにぶつかるか否かを検証するものです。取は等速度、力の絶対否定、体捌きで生み出す直線運動を行わなければなりません。その直線方向の動きを創るためには、動き始めに背部の筋肉は緩み外側へ広がらなければなりません。これは両腕を広げるための一般的な運動とは逆の方向となります。難しく楽しいのはこんな動き方を勉強するからです。

そんな非日常的な動きが日常化した身体で、ひょいと抜いた時、わかっていても目の前で抜かれると何度見てもお漏らしの声が出たり、思わず体が驚いてしまったりするようです。その反応の仕方は各人各様、稽古の上下もあり、色々です。なるほど顔かたちがちがうごとく、心身の反応は人それぞれであると思わずにはいられません。

稽古風景、たったひとつの例しか挙げられず申し訳ございませんでした。

水平等速度の抜き

1

2

3

水平、等速度に加えて左右方向への直線を保たなければなりません。このような理論追究の身体運動を行うと、剣における力の絶対否定ということが痛感されます。両手は添えておりますが手指が正しく働かなければなりません。みなが声を抑えようとして漏らしてしまうのは、肉眼ではちょうど第2〜5図が抜けて、動いたと思った瞬間、第1図からいきなり第6図のように見えるようです。この一瞬の抜きの前にごくゆっくりと抜く等速度の修練が必要なことは言うまでもございません。

4

5

6

8

問◆コロナ禍での遊び稽古はいかがでしたか。

答◆前項に引き続いて、直截に遊び稽古のご説明に入らせていただきます。

稽古に際し、当館には昔から今日でいう準備体操なるものはございません。それに対して、体調および健康管理、怪我防止等の観点からすれば常識外のもってのほか、とお叱りを受けるかもしれません。しかし、往時の侍たちの稽古法をみれば、体育的な準備体操は必要がないことをご理解いただけることと存じます。

剣術を例にとります。古くは、まず各人が個々に素振りを行います。次いで、各自それぞれが授かった型を自習、復習いたします。その動き方は中庸等速度を旨といたします。その速度は、それぞれの稽古の段階個人差により、一定の速さではなく、それぞれの息が上がらない程度です。そこで各自充分に稽古をしたのち、各段階それぞれの上級者に受を願い出て、稽古をつけていただくという手順となっております。型がひととおり終わると竹刀稽古に移ります。このような伝統的な稽古方法のため、準備体操となる運動も型稽古に包含され、すべての稽古時間が型稽古のために費やされることとなります。

現在では、遊び稽古が各自での型稽古の部分に入れ替わっており、個人練習よりもその動きのひとつひとつの内容が密になっております。

一例として部分稽古をあげます。涎賺《よだれすかし》の型で目付から虚実を謀り、受け流しの誘いを使って受をして打たしめ、その虚を取って真っ向へ打ち込みます。その誘いの部分の両手の変化こそが輪の太刀から魔の太刀と称される廻剣理論の第一動作です。その手首、両手の変化から、さらに真っ向への打ち込みも体捌きが整わぬ内はひと動作としての輪の太刀として表れません。半身から半身への変転にもかかわらず、まさにその体捌きによって太刀を操作するため、太刀そのものを両手両腕の筋力で物を叩くようには使いません。またそのような操作のため刃筋は狂いません。そこには両腕の上下振りの運動は存在しておりませんから、受にはその斬撃運動が見えません。斬ったと思ったら自分が斬られたのです。それゆえの「魔の太刀」なのです。

剣術でさえなかなかに至難な術技の修得が要求されますが、さらに剣術中の精髄とされる居合術となりますと、現代においてはどなたにでも適合するものではございません。もう出来るか出来ないかではなくひたすら挑戦し、その難しさそのものを自己の身体を通して学ぶことに喜びを見いだせる方にのみ居合術は存在しているとさえ言えるかと存じます。

一般的に「離れ」という概念が居合道を学んでいる方々にどれほど理解されているかは存じませんが、古伝の居合においては至極とさえ呼ばれているものです。わたくしも若い頃は祖父から左の鞘引きが遅いと言われて、むきになって鞘を引いたものです。恥ずかしながら、遅いという言葉を速度と解していたのです。間が遅いということに気づいたのは祖父亡き後でした……。身体もそれなりに動き始めた頃から稽古の質が毎日毎回変化し続けました。そこからは、まさに術の追究そのものです。稽古をすればしただけわが身体は変化をし続けております。

コロナ禍での稽古のおかげで、初心者も上級者も同時に至極の鞘引きを求める稽古を楽しんでおります。

初め鞘の鐺《こじり》を受に軽く把持してもらい、鞘の縦落としがきちんと出来ているか働いているかを見ようとして稽古を始めましたが、どうも多くの方々に、鞘が受に当たってしまうとつい右手で抜く非が出ておりました。これは絶対的禁忌事項です。とくに初心の方々にとってはやはり無理な稽古かと思えたので、右手で抜かない居合に戻すと共に、それでもやはり上級者には鞘引きの稽古そのものも併せてしていただきたいので三人一組といたしました。

受のひとりは術者（取）のやや右正面に左半身の一枚板になっていただき、左手を取の柄頭に添えます。もう一人は当初のとおり鐺に手を添えます。その前後に挟まれた状態で、取は鞘の縦落とし一本で太刀を横払いに抜き付けます。もしこの現場に海外の弟子でもいれば、質問が来ること必至です。太刀の前後方向にそれぞれ人が手で柄と鐺をおさえていたら刀はヌケマセンではないですか……と。

人の体は基本的に、右手が動けばその右手の運動につられて左手も動きやすいということがございます。個人差はあるものの、両手両腕が動けば身体もそれにつられて、捻れたり歪んだりなど各種動揺して崩れやすいものです。構えが崩れ、動揺すればそれだけで太刀はヌケマセン。

そこに右手で抜かぬ抜き方と鞘引きの左の体捌きがひと調子完全一致一体化すれば、ヌケルのです。勿論、両足は浮身、無足の法によりそこに居て居着いてはおりません。

1

2

3

4

第2図で取の誘いに崩され、受は打たされており、そのため防御体での攻撃となってしまいました。次ページの図は離れの追窮の図となります。二人の受を崩しているのではなく、鞘の縦落し一点集中により、正しい刃筋と鞘送りが可能となり、その可否を検証している二人に当たらずに太刀を抜くことが出来ました。当たらないということは受の腰の中心を取っていることとなるため、結果として二人に崩れが表れただけなのです。鞘の送り始めから鞘の鐺は下方へ向かいます。左腕、手の運動では不可能です。

1

2

3

第4章

素朴な極意

1

問◆黒田先生にとっての強さとは何でしょう？

答◆強い、弱いには興味はありません。日常の心配りに行はあります。

強いとか弱いとかいうことには、まったく興味がございません。武術を学んでいるから、というだけでそのような強弱論につき合わされるのはたいへん難儀です。どれほど強いといってみても人間など大自然の前にはまったくの無力です。人生を勝ち抜くのだといっても、私には肩がこるだけです。市井の一般大衆労働者の偉大さの前には、ただ頭が下がるだけです。〝ボク強いです〟と言う方がいるなら〝私は弱いです〟と申し上げておきます。

日々の生活が宗教だと思っております。お坊様からお聞きしたお話ですが、簡単に言えばお釈迦様は、こうおっしゃっているそうです。〃いいことをしなさい、わるいことはするな〃これだけだというのです。終戦後の教育のおかげで、日本人が大きく変わりました。親が子供に一生懸命に、帽子をかぶりなさい、ハンカチは持ったか、爪は切ったか、鉛筆は削ってあるかと注意をうながすと、子供は、どうして帽子をかぶらなければいけないのだ、そんな法律があるのか、とたわけた反撥を繰り返すのです。そうして大きくなった方たちは法に触れさえしなければ、自分や身内のためだけには何をやってもかまわないと自覚します。昨今の事件の当事者たちは、みなこんな言葉を繰り返しておりました。

英語で書かれた服飾関係の本の多くは、アンダーステイトメント（ドレス・ダウンではありません　※〃控えめ〃という意　編集部）ということからポケット・チーフに関して、その不必要性を説いております。とくにネクタイと共柄のポケット・チーフは絶対に挿すなと注意しているそうです。ところが現今では、ブームなのか身だしなみとでも心得ているのか、テレビのニュース・キャスターなどがこのネクタイと共のポケット・チーフを、それも淡いピンク色だったりするのを付けて出てくる情けなさです。世界の目ということを意識すると、同じ日本人として恥ずかしさのあまりほんとうにやめて頂きたいと手を合わせて念ずるばかりです。

入社第一日目に上司から、明日からは三色以下のネクタイを締めて来いと叱咤されたハーバード大学出身者もおります。そんなことはどれほど優秀な大学でも教えてもらえません。手紙の書き方、電話の仕方、茶碗の持ち方、箸の上げ下げ等すべて独力で学びなおさなければならない大変な時代です。家庭の躾を反撥するおろかな子弟が現在親となり祖父母となった世の中です。志のある方々にとっては、すべて自己改革は自分自身で行わなければならなくなりました。

こんな日常の些細なエチケットなどに絶えず注意をし、心配りをすることが現代における、普通人が毎日続けることのできる、宗教でいう「行」としての生活ではないでしょうか。毎日楽しく、苦もなく淡々とこなせることが本来の行であるとすれば、日々の生活すべてが行たり得ることになります。宗儀宗派ではなく、教えの本質を素直に実践することを努力すればよいのではないでしょうか。

2

問◆

黒田先生は型の中にすべてがあると御考えですが、空手などになぜ同じ事を考える人がいないのでしょうか？　試合があるからでしょうか？

答◆厳しいお言葉ですね。

試合、なかなか厳しいお言葉ですね。おっしゃる通りだと思います。

以前、剣道の内藤高治先生のことをちょっとお話しいたしましたが、〝剣の修行に試合制度はもってのほかである〟との信念をもたれておりました。

このことをすべての修行に敷衍いたしますと、そうだと言わざるを得ません。スポーツ化、競技化をやめ、試合制度を廃止すれば、逆に名人、達人が再度各分野で現れてくる可能性があるかもしれません。ただ、型が形骸化してしまっていては、もう手遅れです。型を学ぶ意義が存在しませんし、それでは試合制度を廃止することの意味がなくなってしまいます。いま名人達人と申しましたが、わたくしは名人などというのは、だれにもそうと悟られない人をいうものだと思っております。現今は、武術もスポーツも混同されております。各人各様の武術論をもちだされるとますますいけなくなります。とはいえ、各人が各様の思いで武術というものを認識し修行、稽古にいそしんできた歴史がありますから、それをとやかく言うもおろかです。昔から、正しいとされてきたことを墨守するのがわたくしの使命だとおもっております。

3

問◆

空手を学ぶ者ですが、私の道場は型は熱心ではなく、本などを読み一人で試行錯誤をしている状態です。こんな方法で先生の仰る型の真意にたどり着けるのでしょうか?

答◆

難しいでしょうが……

難しいとは思いますが、否定はできません。くどいようですが、わたくしのような運動能力の低いものが、こつこつと型をやっていたら、このようになっていたのですから。どのような型をどのように稽古するかでしょう。いつも申しておりますように、形骸化してしまったものをいくら丁寧にやってみても……と言いつつ、型ではないことをやっても、意識や練習方法によっては自覚、他覚を問わず変化が顕在化する場合もありますから、どのようなレベルに目標をおくかによっても、到達度が変わってくるのではないでしょうか。

よく職人芸といいますが、長年の仕事によって培われた匠の技というものは一朝一夕にはできません。どの分野でも孜々として地道な努力を積み重ねて初めて真正な技術というものが生まれるものです。コツなどというものでは一流にはなれません。

どのような稽古をつづけられようと、あなたご自身の人生ですから、試行錯誤を繰り返しながら、稽古をお続けになるご自分を大切になさったらいいのではないですか。

わたくしに伝えられた型は、当時は駄目だといわれていた古流の形態そのままのものでした。多く、一般的には腰をそらして伸ばし、いわゆる良い姿勢の立ち姿での古流の演武を多く見ました。低い腰や半身の姿勢などというのはごくわずか、というかあまり記憶がないくらいです。そんな駄目だ、だめだといわれていたものを長年やってきたら、そうではない結果が生まれてきたのが、わたくしの身体です。いまだに修行中の身のわたくしは、楽な自然立ちでの型はこなせません。どうしても入り身、半身の稽古となってしまいます。まあ、もっと歳をとって体が動かなくなるに従い、ほんらいの自然立ちの構えが取れるようになればいいなと思っておりますが、そうなるにはその次元での稽古ができるようにならなければ、無理であろうと思っております。

どういう手順で動いて、どのような形におさめればよいのかが頭で理解できても、そのように自分で自分の体を動かすことができないのが人間です。型文化というものを、現在の日本は失ってしまったのではないでしょうか。

4

問◆居合を学ぶに際しての一番の疑問点なのですが、なぜ座って稽古をするのでしょうか。

答◆型で何を学ぶかを明確にするためです。

居合にかぎらず、剣術（実手、小太刀、薙刀等含む）、柔術、棒術、弓などの古伝の伝統武術というものを、どのようなものと捉えればよいのかをまず考えなければなりません。それらは型というものを通して、そこで学ぶべき術技を伝えております。

では、つぎに型とは何かという問題があります。昔から型は幾多の実戦の中から生まれてきた実戦の雛形であるとされてきました。確かに、実戦を経てその中で合理合法、有用なものをひとつの雛形として遺したものではありますが、実戦そのもののある形ではありません。たしかにある意味ではそれは実戦の形態そのものである場合もありますが、型というものをよく精査して見ればわかりますが、それらは理論として捉えられるべきものであって、それがそのまま実戦そのものの予備訓練とはなり得ないもののほうが多いのです。型には、初伝、中伝、奥伝などという段階があります。実戦に段階などありません。古来より（武蔵など）言われておりますように、ある敵は初伝で斬って、ある敵は奥伝で斬るなどということはありえません。

まず、型というものをこのように理論であると捉えますと、型で何を学ぶべきかということが明確になってまいります。理論ですから、身体の運用法をそこで学ばなければなりません。

では、運用法とはなんでしょうか。ただ型の手順にしたがって、受けた、打ち返した、止めをさしたなどということでは、実戦にはまったく役立ちません。逆に形骸化により、学んだために遅れを取るということにもなりかねません。

身体の運用法を学ぶということは、武術的身体を学ぶことにほかなりません。型というものを学んでみれば、すぐに理解できることがあります。それは、武術の術技的観点からみると、いまの自分はまったく何もできないし、動くことすらできないということです。たしかに型の手順にしたがった我流の動きでならどなたにでも動けます。しかし、それは「駄目な動き」であって、「下手な動き」ではありませんから、上達の道はありません。駄目なものをいくら速くしても駄目だという戒めの言葉を重く受けとめなければ型稽古はなりたちません。なぜ、駄目なのかと言えば、型が要求することを我流に解釈せず、古伝のまま素直に頭をたれて、その型の要求に答えようと努力すれば一目瞭然です。同じ手の上げ下げ、歩き方ひとつにしても、すべての手順で身体の筋肉の働き方さえ異なるものです。我流で腕を振り上げ振り下ろすことはできても、そうでない筋肉の働かせ方による運動は不可能なものです。動き方を従来の駄目なものから下手なものにまず変えなければ、「術」という身体運動は獲得できません。

さて、前置きがだいぶ長くなりましたが、居合における「座る」という問題点を見てみましょう。この座る形は構です。座構えといって、たいへん重要なものとなっております。この構を正しく知ることにより、すでに太刀を抜いて眼前に対峙する相手との間に状況の逆転が起こります。そんなことが起こりうるような身体の在り方を、武術的身体と呼んでおります。型の稽古というものは、この武術的身体の追究にほかなりません。

座れば、すでに立って太刀を抜いて構えている相手に対して、たいへん不利な状況であると言えます。これは一般常識というものです。しかし、型が理論としてある以上、この状況の逆転ということはより明確に再現されうるものです。

では、実地の座構えを勉強して見ましょう。

一般に、剣術でも上位の相手に対しては、腰を低く落とせと言われます。居合では、それを座ってしまったのです。動くに動けない不利な状況から、座っているからこそ、有利な状態を保つことができるような身体の在り方を創造したのです。古くは左膝を折って座る形を趺座と言い、右膝を立てた形を夷居と称しました。これだけで相手からは遠く、自分からは近いという間を得ることができます。右足踵は、左膝のやや前に位置します。

このときの姿勢が大事です。顎を引き、背筋を伸ばした、一般に良いとされる姿勢は不良姿勢で虚となります。試しに、額を押してみれば、いかにその腰構えがもろいかが判別できます。首や背中はゆるく広げ、なおかつ腹部がへこまず、柔らかな居住まいでなければなりません。俗に自然体とよく言われますが、自然体こそ究極の武術的身体であり、求めに求めてこそ、はじめて得られる術技的身体です。気安く自然体などと言っていただきたくない用語のひとつです。この正しい座構えはなかなか取ることができません。いきなり、そのような身体にはなりえないからです。

この座構えから、浮身という腰を上げ、太刀の柄に手をかけた状態に移るわけですが、ここに至難の身体運動が要求されております。柔術でいうところの無足の法と同様の変化です。

駄目な足は無用であるとした無足の法と同様に浮身は足を否定してはじめて可能となる技法です。我流で足を使わせぬためにこそ、座るのです。

民弥流居合術・座構え

Aは体(腰)が居付いており、座っていることによる不利な姿そのままとなっております。この体勢からは、動くことができません。Bは即座に浮身に入れる良い姿勢です。

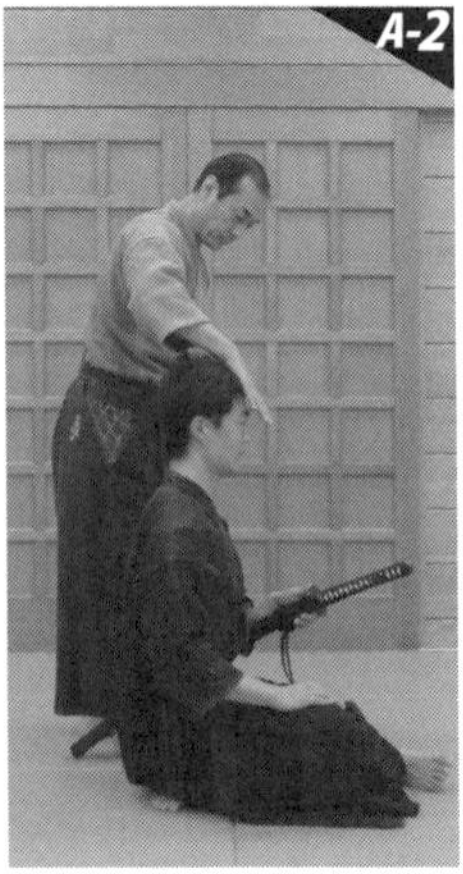

C-1

C-2

C-3

C-4

5

問◆無足の法は高度なフット・ワークと捉えてよいのでしょうか？

答◆どう解釈し、捉えようとも構いません。が……

主観的に捉えるか、客観的に捉えるか、まあそんなことはどうでもよいことだと思います。みなさまがひとつのことをどのように解釈し、捉えようともかまいません。お好きなようにどうぞ、という気分であります。そこに大きな誤解があろうとなかろうとかまいません。同じ日本人として、古来の伝統を守ろうとする気持ちがそこにあるかないか、それだけでよいのではないですか。と、いうのが古流を伝えるわたくし個人としての見解です。

そのような観点からすれば、当然フット・ワークと足捌きはまるで異なるものとして捉えなければならないのではないでしょうか。それぞれの言葉の背景にはその国の伝統や文化が反映されております。能のフット・ワークをいま勉強していますとはだれも言わないのでは……と思いたいのですが、終戦後の洗脳教育により今日では海外のブランド品売り場の売り子たちの目には我が日本人はノークラスとしか評価をされない国民に成り下がり果てましたから、いるかもしれないという危惧を内心抱きつつ申し上げております。

本来、武術の足捌きを学ぶためには、小さい頃に躾けられた身体が必要なのです。個性が大事、個人が大事、地球より命が大切と教えられ過保護、野放図に育てられた新々……人類の日本人は、かつて命より名誉、廉恥が大事、家名が大事、卑怯、未練を恥じるべしと育てられた先人とはまるで別の国の人間のようです。たとえ別の国の人間のようであっても礼儀作法の最低限を守れるような品格を備えた人種であるならば問題は無いのです。それならそれでそれ相応のクラスに分類されうるのですが、屈辱的なノークラスではまことに断腸の思いがいたします。

武術を学ぶということは、侍たる品性を養うための礼儀作法を学ぶということです。それが型を学ぶということなのです。知らなければ、いや知らないこと、初めてのことだから型を通してさまざまなことを学ぶのです。むかしは、知らないために恥をさらすと親が笑われる、親の顔が見たいと言われ顰蹙《ひんしゅく》をかったものですが、いまは個人が主体で、しかも親子は友達、先生と生徒はお友達の世の中ですから、両親、恩師を敬うなどという気持ちは前提としてそこにはないのですから、何を言われているのかすら理解してもらえない状況です。蛙の面に小便です。ネクタイと共のポケット・チーフは絶対にさすものではないという基本を知っていれば昨今はやりのポケット・チーフ・ブームに我関せずでいられることでしょう。

どうも最近歩くことが気になってしようがなくなりました。歩けなくなりました、と弟子のひとりから聞きました。みなそうやって、先輩弟子と同じ道程を歩むものなのでしょう。歩幅が以前より狭くなります。左右への重心の移動が気になるからでしょう。片足にかかる重心が気になるから、早くその重さを移動させたいのです。なるべく重心移動を短い時間で済ませたいのです。ところが稽古がすすむとゆっくり移動していても重心が片側に移りきるということがないので、たいへん自由になります。わたくしは無意識に片足に片足を載せた形でよく片足立ちをしますが、それは真ん中重心に他なりません。

そんな身体はひとに軽いと感じさせます。ときおり、体重確認の遊びをおこないます。四つ這いになってもらった方の背中におんぶや椅子座り、あるいはまたがりなどします。乗り手が乗る際に明らかに重みが下の方に加わっていく様子が多くの方に現れます。武術的身体というものは、そのさまがいかにも軽く、体を支える両足を床から離す際にも重みが下の方へ伝わっていかないかのように見えます。実際、乗られた方は同じ体重の方と比べ、その軽さを体感します。実際の体重は変わりませんが、そんな身体はぎゃくに重くもなります。それが、無足の法を心得た身体というものです。

また、これとは別に「身体に障碍《しょうがい》などがある場合はどうか?」と問われる方もいらっしゃいますが、そんなことはやってみなければわかりません。五体健全な方が稽古をしてもできないほどむずかしいのです。それは、動かさないという難しさが基本となっているからです。わたくしのような運動神経の鈍い生まれの人間と万能選手の素質の方と比べれば、それぞれの向き合う難しさの段階も質もまったく異なります。そういう意味では健常者も障害者も、同等の立場で難しいことに立ち向かえるものだと信じております。

すでに無足の法が身についたわたくしが障碍の部位を特定して何か稽古をしてみても、それは無意味です。やるかやらないかはご本人しだいでしょう。

歩きの感覚

歩くということはほとほと難しいものです（A-1 ～ A-5）。その困難さは、難しい歩行法の存在を知って初めて実感できるものです。たしかに、歩く姿を人に見られるというのはいやなものです。そんなわたくしでも体重測定の遊び（B-1・B-2）では、足を着いているときより、上げた時のほうが軽く感じたと評されたこともあります。それも人それぞれの感覚です。

B-1

B-2

6

問◆人が袖を引かれただけで崩れたりするものなのでしょうか？

答◆祖父泰治が「人を投げるのは、羽織を抛るようなものだ」と申していました。

このような言葉を聞かれて、どのようにお感じでしょうか。おそらく、けっして実感の湧かない非現実的な世界の表現として感じられたのではないでしょうか。当然、羽織のような軽い体重などありませんし、逆に、人の体重を羽織程度の重さにしか感じないほどの剛力、大力の人間など……これもあまり現実的ではありません。しかしながら、羽織のごとく感ずることが出来るような世界がある、ということだけは言えます。

それは、まさに剣の世界だからこそ言えることなのです。肉弾相打つ素手格闘技の世界ではなく、相手を刃物そのものと看做《みな》す世界なのです。太刀などの武器そのものばかりではなく、相手の手足身体すべてが、我が身体に触れれば傷つき、命を落とすのだ、という絶対条件の世界です。そんな世界で柔術などの体術を学ぶとすれば、剣術の速さが当然のことながら、その術技の基準となります。剣に斬られるような身体では、柔らの技法など駆使しようもなく、学ぶ意味すらもありません。

そこに居て斬られぬ身体とは如何に、という観点においては、ご存知の通り居合術がございます。相手の斬撃に対して、こちらは帯刀のまま対峙してその状況を逆転いたします。

いずれにおきましても、肉体と真剣の対峙という条件下で、どのようにすれば、その剣に負けないだけの自己を磨くことができるのか、という一点に集中することこそが剣の精髄に触れる唯一の道なのです。

そこには武種に関わらず、わたくしが斬りの体捌きと呼ぶ身体運用法しか存在しておりません。その身体運用法は型という理論によって支えられております。その理論追究の稽古により、未然に危険を察知する能力などが基本の能力として身についてまいります。と、同時に身体もその速さに一致しようと変化いたします。その結果、柔術などでは単なる物理的な力の作用によって身体が崩されたり、投げられたりするばかりでなく、斬られる前に回避するという方向性が顕著となります。

そこに、双方の物理的な接触攻防の如何に関わらず、崩されたり倒されたりしているかのような対応が現れます。ただ、人によって個人差もあり、たとえ稽古をしていない一般人でも、少のうございますが、同じような状況が起こる場合もあります。

昔から名人達人に関する口碑《こうひ》などにその身の軽さというものがございます。まるで神仙のような逸話です。そんな身体の軽さも普段の稽古で、何もないと感じるほどの柔らかな触れようで相手を崩します。いや、触れなくともすでに型では手拭《てぬぐい》一本で相手を投げるものもございます。型は理論であると看做すからこそ、そんな技も現実的で身近なものとして実感することが出来るのです。

けっして「型だからそのように演武する」などというものではございません。投げ、崩すその一点は、まさに動きの中の一つの間にしか存在しておりません。何度おなじ型を繰り返しても、その一点を確実に抑え、取ることが出来るからこその型であり、まさにその段階の術技的身体の位を表すものとなっております。確率的に起こるものとは明確に異なるものです。

人の身体の働きは、脳の働きと同じく一般の方々が思う以上に細やかな働きを獲得しうるものです。ところが、それは口で言うほど生易しいものではないことも周知の事実です。しかし、本来の人の身体は、幼児のころからすでに卓越した能力を発揮することが出来るものです。

実際、五歳の幼稚園児に、力を使うなという一事から始まり、身体そのものを働かせよ、と続け、受を取りながら指導をしたことが最近ございました。すると、確かに受けているわたくしの手足身体は、初めは幼い幼児が使う筋力を感じます。しかし、注意されるにしたがい、その収まった力、いや力という言葉は、その時の微妙な皮膚を通した緊張感をうまく表してはおりません。先の元気な力とは異なる一定の弱い圧のみを感知するだけになりました。圧と言っても、動きの気配はございません。その状態から、胸を落とせ、という指導に従い、そんな体捌きに移ろうとしたとたん、こちらの腰は、柔らかくも鋭く速い、かそけき何かによって崩し落とされておりました。

このときが初めての柔術の稽古で、受身も満足にできず、悔し涙をぬぐっていた幼児がこのような体捌きをいきなり行ったのです。撫で斬りの稽古では、大人たちの四苦八苦をよそに、両手で受を取る大人たち全員を、袈裟、真向ともに一瞬で斬り落としておりました。

このとき、幼児は大人たちが出来ない、消える動きで斬っておりました。その速い動き方ゆえに、大人子供の境界もなく、皆いきなり腰から崩される一瞬の心地よさに驚き、かつ喜び楽しんでおりました。

身の規矩の大事

下掲図は居合の座構えという心身の在り方が相手に対してどのような働きを有するかを表したものです。座したわたくしはどこに居るのでしょうか。次ページ図の連続写真における手拭は実際の武具としての意味はありますが、ありません。つまり、素手でも同様のことが可能なのです。ここでは彼我の間における体捌きこそが学ぶべき核となっております。

1
2
3
4
5

7

問◆柔道などは現代スポーツ武道として理解できますが、侍の時代の柔術における、初めから胸襟を捕られての短刀捕りなど、接触武術の意味が理解できません。

答◆たいへん非現実的な攻防形態とみられるのも当前のことかと存じます。

歴史的に見ますと、相撲のように相手と接触した状態から勝負を競うような古い形のものから次第に柔術、柔道、空手等々その間合が広がり、今日ではボタンひとつで他国にさえ攻撃を加えることが可能な時代となりました。とくに現代の格闘技、武道競技種目になじんだ一般の方々にとっては、たいへん非現実的な攻防形態とみられるのも当前のことかと存じます。また、歴史的な当時の状況を鑑みても仰るとおり非現実的なものと言えることは確かでしょう。

しかし、往時の時代背景から生まれた身体の攻防理論としてみれば、その非現実性ゆえに、そこから学ぶべきものが見えてまいります。それこそ型が伝え残そうとした武術的身体へと到達するための道しるべなのです。型というのは、ある動きの方法を示した理論ですから、形のみを模した身体運動的攻防からは、けっして技を得ることはないという落とし穴があります。非現実的な一見役に立たないように見える攻防の動作の中にある大事な古人の思い、願いを理解することが出来なければ、まさに現代においては形骸そのものでしかございません。

いや、当時ですら、そのような型を学ぶ困難さが存在していたからこそ、各流各派における達人たちが少なかったのです。それゆえに往古戦国時代から、戦場往来の猛者たちなど型稽古は無益であるとさえ否定されていたことも歴史に明らかです。そして、時代も下り幕末の動乱期の撃剣のごとく、即戦力としての戦士を養成するための稽古法が盛んに行われたこともみなさまご存知の通りです。さらに今次世界大戦での敗戦後の我が国における全武道全面禁止令下、全国にさきがけて剣道再開の目途をつけた、祖父泰治の死を決した進駐軍ＧＨＱへの直談判の経緯などもございました。そうした時代を経ながらもなお先師以来の型は、その道、家系、有志の努力などによって細々と命脈を保ち伝え続けられ今日に至っております。

子どもの頃から運動会などは雨でも降って流れて欲しいと願うような、生来極めて平々凡々なる運動能力しか持ち合わせていないわたくしのような者が、今日の身体を得ることが出来たのは、まさに型という家伝の遺産のおかげでした。昔から繰り返し、この型のおかげでわたくし自身も知らなかった身体を得ることが出来たありがたさを訴えてまいりました。

では、その非現実的な、あまりにも実戦という形から乖離していながら疑似実戦的な刃物を介した型という、まことに不思議なものを見てみたいと存じます。

まず柔術表居捕の型、一本目を例といたします。受取双方座構えに居ます。受は左手で取の胸襟をとり、右手の短刀の刃を右にして突き出し、取の右頸部を斬り払います。取はその機を見て右胸を開いて体を躱します。顔は正面を向け体軸は垂直を保ちます。即物的に頭を左方へ逃がし体軸を左へ傾けてはなりません。即物的、と申しましたがまさに一般的に刃物を躱す方法としては安全確実かもしれません。

しかし、ここで学ぶべきは右胸の開きなのです。ただ当初は、突きを躱す右肩の引きに伴い左肩も前へ出ますし、顔も右を向いてしまうことが多いものです。つまり、上体が回ってしまい、直線に右肩胸を後方へ開くという技になりません。顔を正面に向けたまま、左上半身は固定したまま右胸を開くことが大事なのです。正中線を立てたまま、しかもその正中線が、攻めきたる相手を割り、一瞬の胸の開きによって彼の正面に空虚が生まれ、それにより受の腰を崩し、あるいは相手をして、その胸の躱しひとつで我が後方へ投げ崩す技とならなければならないのです。この体捌きが基本となり、大きく捌いた時に初めて左半身に変化したように目に映るのです。

剣術の世界の柔術ですから、その躱し方自体が攻撃の手段とならなければならないのです。それゆえに、この体の開き、腰の変化が大変難しいのです。ここで、その体構えを検証してみます。頭を移動させておりませんから、短刀の刃部が擦過する位置は元の頸部のまま変わっておりません。つまり、首筋を突いてくる短刀そのものを躱していないということになります。攻撃から単に体をよけるということが、ここ剣の世界にはないのです。

次に、受の両手を交差させ動きを封じてから投げ崩し、両肘を極めて留めといたします。各動作もまた大変難しく、一本の型の動きを修得することの困難さを痛感させられるものです。

このように、型が何を教えようとしているのかが明確に理解出来ないと、常識的に先の即物的な躱し方で良しとしてしまい、そこから先はただの即物的、力学的な方法論しか見出せなくなってしまい、形骸に陥ることとなります。

型の抽象化とは

型という形骸を抽象化することによって見えざる技が具体化するものです。見えない技を体得するための修業の楽しさは何物にもかえがたいという思いを拭えません。これこそが古人が刻苦奮励した証です。辛く、苦しいことを継続するには怨念邪念執念などといった強い狂気がなければ貫徹することはできません、と思いまする。わたくしは楽しくてうれしくて幸せでたまらないからこそ、この型稽古を続けてこられたのだと、確信しております（図は無圧無痛の型稽古）。

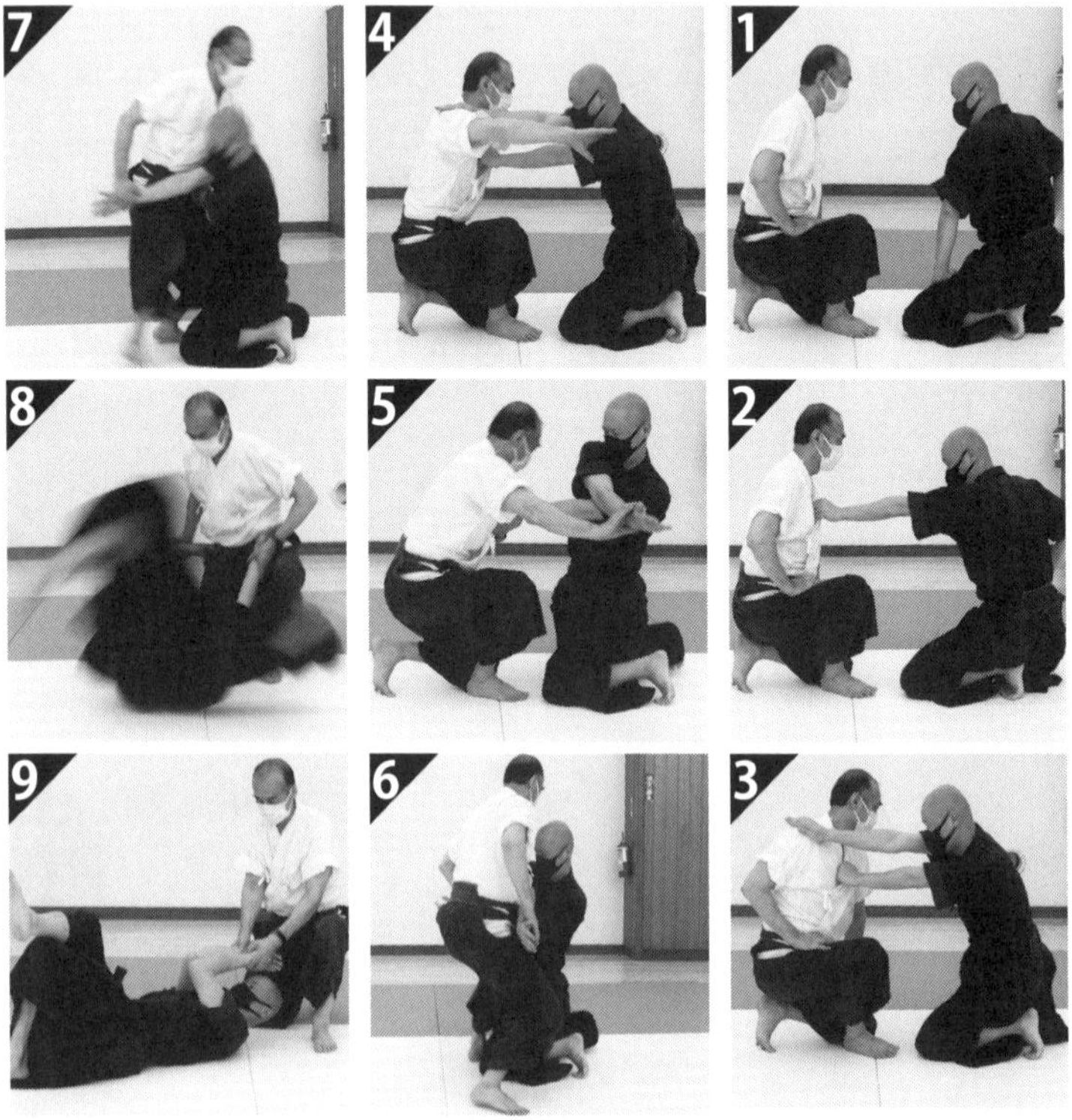

第5章

日常に極意あり

1

問◆以前先生は、「マナーというのは大変危険なものだ」と仰っていました。どうしてマナーが危険なのでしょう？

答◆侍や騎士のテーブル・マナーの美しさにこそ、武術のごとき危険性を感じるのです。

マナーというものは、周囲の人々に不快な思いをさせず、社会生活を円滑に運ぶためのものであり、自身の品位を損なわないためのものだと思います。マナーそのものが危険なのではなく、正しいマナーを正しい所作で行うことのできる身体そのものに恐ろしさ、危険性を感じたのです。

そこで言う正しさとは、型を正しく知るとかその型を正しく動くというときの、理論どおりの厳密な動きを想定しております。一般の方が、ごく常識的なテーブル・マナーをおこなったからといって、品のよさ、気持ちのよさ、安全性を感じはしても、そこに危険性が生じることなど当然ありません。ないからこそのテーブル・マナーなのですから。

侍や騎士のテーブル・マナーの美しさにこそ、隙のない鋭利な武術の型のごとき危険性を感じるのです。かつてのヨーロッパで、テーブルで肉をさばくために鋭利なナイフが供されていたころは、そこに集う貴人、武将たちにとっては、たとえ会食とはいえ緊張感のぬぐえないひとときでした。目の前の人間のナイフを持つ手の動きからは、目が離せなかったことでしょう。

もともとマナーという言葉は、ラテン語の「手」という言葉から派生したそうです。そのためあまり鋭利ではない形だけのナイフが使われるようになりました。そんな歴史を経て、相手や周囲の方たちに自分が敵意を持たない安全な人間であることを、形を通して表現しようとしたものがマナーとなったのです。

ところが、皮肉なことに、ナイフを正しく持つということは、もっとも合理的な隙のない形を生み出すことになりました。しかし、その持ち方では訓練されていない者にとっては大変ぎこちなく操作しにくいものです。だからこそ、躾といって、小さいころからの不断の修練が必要なのです。それは術者にとって、わが身を生かすための願ってもない型なのです。手の動きを消し、左右にナイフを使うことも可能ですから。このようなナイフ、短刀捌きはある流儀では、たしかに極意の型におさまっているそうです。行儀の悪い持ち方では、そんな技は発揮できません。

しかし、もともと行儀の悪い育ちの人は、ぎゃくにそのままのほうがナイフを振り回しやすいのです。だから、マナーが生まれたのです。双方の安全を確保するためのものが、数少ない術者にとっては、もっとも身の安全を確保しつつ、最大の攻撃性をも兼ね備えることになったのです。と、いうのが、わたくしのひそかな持論です。

2

問◆黒田先生が子供のころ漫画家になりたかったことを知りました。私も漫画が大好きなのですが、先生はどんな漫画を読んで育ったのですか？　また今でも読みますか？

答◆懐かしく思い起こすのは、手塚治虫のものです。

幼児のころは、終戦直後の世相もあって、親から与えられた絵本などはあまり記憶にありません。まだ文字も読めないころからの記憶に残っているのは漫画本です。

終戦後の紙質の悪い単行本です。それも、懐かしく思い起こすのは、手塚治虫のものです。少し大きくなって、それらを探して見ましたが、すでになくなっておりました。見ていたときですら、綴じ糸がほつれておりましたから、ごみに出してしまったのでしょう。

まあ、われわれの年代ですと、ディズニー、手塚治虫などが大のご贔屓でしょう。それほど、あのやわらかな線には、魅力がありました。

漫画でしたら、なんでも好きでした。中学高校時代は、受験戦争であまり読む暇がなかったような気がいたします。高校のころは、受験勉強の合間をぬって手塚の単行本を集め始めていたようです。大学に入る頃は、小学生のころ貸し本屋で読んでいたものなどがつぎつぎに単行本化されだしたので、地元の本屋によく足を運び、種々買い集めておりました。

現在も読書とともに漫画の購入は緩慢に続いております。書店に行くたびに、書籍と漫画を買い込んでおります。いまは、ますむらひろし、星野之宣、西岸良平、諸星大二郎、岡野玲子、藤原カムイ、寺沢武一、谷口ジローなどなど、いちいち挙げていたらきりがありません。

小学校時代に描きためた漫画。絵のタッチはディズニー、手塚治虫寄りかも⁉

3

問◆武道が日常生活の中、例えば護身や咄嗟の時の動きなどで役に立ったことはありますか？

答◆武勇伝のたぐいはありません。毎日、家族や門下生の無事と健康を祈っています。

祖父の弟子の一人の方が、ご友人と雨の中バス停でバスを待っていたとき、スリップしたトラックが突っ込んできたそうです。その瞬間傘を捨てて受身を取って回避しました。この事故でご友人は亡くなられたそうです。〝友だちと一緒に死んでやればよかったじゃないか〟とは祖父の返事でした。

ひとにはそれぞれの持って生まれた運命のようなものがあります。本当になんでそんなにいろいろなことに遭遇するの、というほど子供のころから波乱万丈の生活を送ってきた弟子もおります。それらの一部しか聞いておりませんが、一緒にいた友人がナイフで大怪我をさせられるような事件にあっても自分はかすり傷ひとつおっておりません。警察のブラック・リストに載っている人間たちとのいさかい（恐喝事件）でした。怪我らしい怪我もせず、きれいなものです。

幸いなことにわたくしは護身しなければならないようなことには、遭遇したことが一度もありません。いわゆる武勇伝なるもののたぐいは、ひとつも持ち合わせておりません。また、咄嗟の時というものにも、幸いにしていまだ遭遇しておりません。これからも、そんなことには遭遇したくありませんし、そうならないことを祈っております。毎日、家族や門下生の無事と健康を、そして日本と世界が平和でありますようにと手を合わせ、祈っております。

4

問◆武道家の方の日常に興味があります。先生は稽古をされていないときは何をしているのでしょうか？

答◆出血大サービスでお教えしましょう。

稽古をしないときは、ハナクソをほじっています。と、いうのは、まあ冗談にしても、たいしたことはしていません。そのたいしたことのないことを、アナタ様はお聞きしたいというのですね。では、出血大サービスでお教えしちゃいましょう。

エー。たまにはこのような原稿を書いています。名入りの原稿用紙など作って持っておりますが、ふだんは効率的なパソコンを使っております。このパソコンですが、昨年八月に不具合を起こし、カスタマーサービスに問い合わせたところ、回復不能の状態とわかりました。で、自分でリカバリーをすることにしました。じつはわたっくしはリカバリー大王またはリカバリー迷人でして、何度もカスタマーサービスでは回復不能な状態にまでパソコンを追い込んでしまうへたくそなパソコン利用者であります。で、このときはそのリカバリーをしようとしたのですが、その大得意のリカバリーさえも不可能となってしまいますた。パソコンが一時的にせよ使えなければ連絡網もなにも通信が途絶えてしまいますので、修理に提出と決まった時点で（ある弟子が修理とかいって一ヶ月もパソコンが使えなかったのをきいていたので）、ただちにお店に向かいました。そのとき購入したのが現機です（じつは3日後には修理から戻ってまいりました……）。

どうせならばと、今まで以上のスペックのものにしました。CPUはペンティアムDの2・8GHz、メモリは2GBに増設しました。函開けて。函開けて。ハード・ディスクは320GBのところを、増設して520GBにしました。函開けて。専用コードを通販で購入して。さらに外付けの300GBを接続しております。Dのデュアルタイプということで、ずいぶんと速くてよいですが、マウス・コントロールなどは最速に設定し、さらにTweakUIでスピード・アップさせたりしております。こいつはリカバリーもCドライブだけだと2分そこそこで終了してしまうくらい速くて、ますますリカバリ～大地真央くらいになれそうです。すでに、自慢ではありますが、現在までにこの機でも五回ほどリカバリーをしておりますです……。どうもカスタマイズなどのいたずらをしすぎのようです。

　ということで、ここ四、五年は読書の時間がおおはばにパチョコンにとられております。それまでは一年で百十数冊の本を読んでいたのですが、〇四年は七五冊、〇五年は四六冊と、だいぶ減ってきております（漫画本は含まれておりません）。

　ここまでで、アナタ様がおわかりになられたことは、せっかちでおっちょこちょいの黒田は、ふだんはハナクソほじり、いやパソコンによる原稿書きとパソコンによるパソコン遊びに時間の大半を費やし、合間に読書、後架、食事、睡眠、入浴などをしていると、と、まあこのようなことになったわけです。

　ここからアナタ様が類推されうることは、稽古以外のときは、黒田は稽古のことなど何も考えていないということ。もしかしたら、稽古のときも「稽古」など考えていないかもしれないかもしれないということ。武術のほかの趣味は、もしかしたらパソコンかもしれないぞ、ということ、などなどが明白になられはったことかと存じまする。

5

問◆普段好んで見るテレビ番組をお教え下さい。

答◆ニュースなのですが……

食事時のニュース番組が一番多いです。連続ドラマなど、とくに好んで見ている番組はございません。テレビを見ている時間があれば、本（書籍、雑誌、画集など）を読んでいたいです。テレビなどでいちばん目に付くのは母国語の情けなさです。どつらく、腹立たしいことはございません。熟語の半分がひらがなになっております。あるいはまるごとひらがなの熟語がテロップに流れてまいりますと、涙も流れます。街角の看板に「処方

せん　受付」とあるのを幾度となく見かけました。処方せん、と断っていて、下に受付とはこれいかに、であります。よくみれば処方箋を受け付ける窓口であると知れますが、瞬時に見かけたときは、わたくしのつたない頭脳では混乱を生じます。こんな日本語が氾濫するようではさらに日本人が大きく変わるわけです。社会現象、経済現象によりマナーや心情が変わったと言われますが、そんな目先のことより教育という大元を正していかなければならないのではないでしょうか。

また、テレビのドラマやコマーシャルの中では、乞食茶碗、猿茶碗というような行儀の悪さが日常的でさえあります。彼ら彼女らの周囲に誰もそれを正す方がいないのでしょう。そんなテレビはなるべく見ないようにしております。

6

問◆先生がオススメのDVDを教えて下さい。

答◆秘伝です。

ありますかって、たとえば例えばの話、SF系だったら、ま、新旧たくさんタクサン沢山ありますがスーパーマン、ピーターパンとか地底旅行、タイム・マシン、レイ・ハリーハウゼンのシンドバッド・シリーズなどなどなどなど……イッパイいっぱい一杯、ミュージカルでピーター・オトゥールのラ・マンチャの男、チキチキ・バンバン、レックス・ハリソンのドリトル先生不思議旅行などなどなどなど……いっぱいイッパイ、それになんといってもアニメがとんといっぱい

いっぱい……とかの娯楽映画系ではなくて、武術とか格闘技系のものをおっしゃっているのでしょうか。それなら、わたくしのものを全部です、などというと宣伝はなはだしいですね。秘伝にしておきましょう。

7

問◆必要最低限の古式の筋トレのようなものはないのでしょうか？また、お酒を飲みすぎて失態を演じたことなどはないですか？剣豪はお酒にも強いのでしょうか？

答◆お酒と武術とは関係ないでしょう。

祖父からは、そのようなことはいっさい教えられたことはございません。個人的にわたくしも若い頃は術というものの認識がうすかったため稽古に通う子供らとともに腕立てや腹筋運動などを盛んにやったこともございましたが、以前にも申し上げた通り、とたんに竹刀の高速連打が不能におちいり、愕然としたことがあり、即座に一般的な筋肉を鍛えるための運動は一切排除いたしました。

祖父は立派な体格を有しておりましたが、「力や体力は無いよりはいい」という言い方しかしませんでした。それ以上に力そのものの否定、役立たなさを強調するばかりでした。力というものは術に対して何の意味もないばかりか、自分の命が危うくなるばかりであると。太い腕、太い首を有する雄偉な体格は力を絶対否定した稽古の豊富な量によって培ったものであって、古式筋トレによって獲得したものではありません。それ以来、稽古の方法論の同期とあいまって、ひたすら力を抜くことだけに集中してまいりました。その結果はいままで種々ご報告してきたとおりです。力では行けない世界を現実に体験することができる幸せをいつも噛みしめております。

お酒に関しましては、武術とはなんの関係もございません。お酒に強い方、弱い方それぞれでございましょう。わたくしは幸か不幸かお酒はそれなりに嗜むことができる体質に生まれました。これは幸いなことに、人からきれいなお酒だと言われるごとく、酔って人前に醜態をさらすということはございません。高歌放吟したり、からまったり、もちろん喧嘩をしたりなどいっさいございません。多少、話が弾むという程度でしょうか。お酒を楽しみ、食事を楽しむばかりで、酔うために飲むお酒は飲みません。いわゆる上品《じょうぼん》の部類に入ると自負しております。

父も祖父もお酒は嗜みました。強いほうですし、これまた上品であったと思います。ぎゃくに曽祖父は、酒を気違い水、タバコを阿呆草と言って、ともにまったく嗜みませんでした。宴会の席で弟子たちのお酌を嬉々として受けている姿を見た若き祖父は、まったく酒を口にしないはずの正郡が杯を受けては口に運んでいるのを見て、これはいったいどうしたことだと、しばらく飲食しながら観察していると、口元に杯を運びはするものの、ちと飲んだ振りをして、その手を机の上にもどす瞬間、机の下に隠したどんぶりにちょいと空けてはまた机上に手をもどす早業を目にしたのです。弟子たちは、お酌をしいしい「いやあ、先生はさすがにお酒にもお強い、いっこうに酔いませんね」などと感心している始末です。曽祖父は曽祖父で、「いやあ、だいぶ頂戴してしまい、すっかり酩酊いたしました」などと応対しております。宴が終わって、後片付けとなり卓子被をはずすと、くだんの机の下には酒のいっぱいに入ったどんぶりがいくつも並んでいたとのこと。新年会の道場でのことでした。祖父以外、弟子の誰も見抜くことのできない業に感服仕りました。こうした曽祖父に対して、日頃からお酒のお届け物がありました。お中元に届いた酒が樽で台所に積んであります。家の誰も飲まないものを、このまま酢にしてしまうのも、もったいないとばかり、祖父は曽祖父に許しを得、稽古の喉の渇きもあり、柄杓で数杯一気に飲み干しました。それを見た正郡は、ゆるゆるとした物言いで、

「おう、おう……気違い水は、そんなにうまいかのう……」

「うまい！」と応えて、祖父はまた道場へもどりますが、いっきに酔いがまわり、目の前の相手ひとりが数人に見えます。えい、とばかり真ん中を打ち込んだら、見事に面がはいったと……古き良き時代の若き祖父のお話でした。

わたくしは、先年、隠れ糖尿病と診断され、若い頃からの念願でやっと太り始めたのを諦め、腹

囲を絞りはじめました。そのうち、こんどは尿管結石が発症しました……。これを機に、多少の運動をはじめました次第です。これまた幸いなことに、現在は、稽古において「駄目な例」を行うことができない体になっておりますので、どこかに力みをつくったところで、どう動いてみても、正しい動きしか出来ません。現在の私の体の見た目の筋肉は、稽古とはまったく無縁に存在しております。ただ、健康のための結果に過ぎません。駄目な稽古、下手な稽古をしている方が筋トレをすれば、下手の二乗、駄目の三乗となることは必至でしょう。もし、わたくしも昔のように、とたんに重く硬く遅く鈍くなったとしたら……、そんな挫折は二度と味わいたくございません。健康はそこそこにして、力では行けぬ世界を歩み続けたいと存じます。

胸の閉じ方を変える：筋力の否定

胸の開閉に使うそれぞれの筋肉の働き方（手順）を変えなければ、受にぶつかり、閉じることができません。受の抵抗力を殺し、柔らかく閉じることができるようになるまで、ただ我流で剣を振り回すことよりも、ひたすら繰り返し型やこのような遊び稽古で訓練をつまなければなりません。

『秘伝』2009年12月号「武飯」特集で撮影の一コマ。

8

問◆常日頃、何かお稽古で意識したり、日常生活で意識して行ったりしていることはありますか。

答◆昔は歩き方にぎこちなさや力みがありましたが、最近は何も感じなくなりました。

日常動作の中で何を感じているかと問われても、改めて意識してみないとわかりません。それも歩きばかりでなく、意識せずにしている行動などは、当然のことながら意識せずに行っていることですから自覚のしようもございません。まあ、そんな無意識に動けていることには問題はございませんから、とくに現在気になるような問題点のある動きはないようです。

以前にも述べたことですが、人の靴音、歩く時の騒音は耳に障ります。公衆の場での立ち居振る舞いの乱雑さとか椅子への立ち座りなどの音や振動には自然と耳や眼が反応してしまいます。多くは不快を感ずるような行儀作法に神経が過敏に反応するようです。人のことだからどうでもよい、と達観できずにおります。

わたくし自身としては階段の上り下りや歩行時の足音は自然に意識しております。音を立てないようにと、いつの間にか体が意識しているようです。

それらは交通規則を守るということや行儀作法などに従おうと頭の隅で意識しながら生活しているのと同じではないでしょうか。わたくしも当初欧米での合宿生活中は、食卓に着くときは両手を卓の上に置くことを絶えず意識しておりました。どうしても日本人は両手を下に置く習慣がございます。そういう緊張感をもっていても時として、はっと気づいて両手を卓の上に戻したことも何度かございました。しかし昨今は、それほど意識しなくても両手は卓の上にあるようになりました。

そう言えば、稽古中に意識していることがひとつありました。それは「こうして力を容れると相手にぶつかるから駄目ですよ」と駄目な例を示そうとして力むのですが、駄目な稽古になりません。かといって、弟子の誰彼を指名して駄目な例をやってもらうというのも気が引けるので自分で済まそうとするのですが、何としても駄目な動きになりません……。

このような事はすでに四十代の頃から明確になり始めていたのですが、いま申しましたように人を指名して駄目な例を行って貰うという形がどうにも取りにくく、自分でやり続けてきました。この駄目な例を自分の体で再現することはできないのかということについて、ほぼ諦めてはいるのですが、ご質問でふと思いだした次第です。

米国でのこと、わたくしの説明から一人の弟子が「リプログラミング」という言葉を使いました。これは神経と筋肉との関係を武術的に正しいとされる動き方に組み替えることを申します。脳からの信号が手や足、身体をこのように、あのように動かせと命令を出しますが、一般的な人の動き方からは武術的な正しい動きは出てきません。そこで脳からの信号どおり、つまり思った通りに身体手足を動かせるように訓練し直すのです。

そして、ようやく再編成、再構築成った身体が果たしてまた元の駄目な動きを再現できるものだろうか。これまでの説明でも明らかなとおり、それは不可能です。

指先一本をごく軽く相手に触れ、その瞬間からその相手の中心を制することから稽古が始まります。ところがそれは、いきなりは不可能というものです。軽い接触に対して、触れられたほうは何を察知するのか、どれだけの情報を得ることができるのかは稽古を待つことになります。それと同時に、触れれば相手の中心と関係を持つことのできる身体に、いきなり一般的な運動しか持たない旧身体を再現することもまた不可能であります。

と、ここでまたもうひとつ日常の生活で気がついたことがございます。車の運転で表通りまで住宅地の中から出る時に主に感じていることです。いくつかの直角路を抜けて通りに出るとき、わたくしの場合、ハンドルの切り始めに肘から先の手首が柔らかく動くのではないのです。その切り始めの時、わたくしの腕は肘が上がります。胸の変化で腕そのものが順体を保ったまま動くのです。前腕そのものを捻るということが出来なくなっております。

前腕を捻るという不利を回避するという習性からか、さらにもう一つ、いつもやってしまってから気がつく事がございます。以前、門人たちに家の扉錠の開け閉めに際して、どのような鍵の操作をするのかを聞いてみたことがあります。

その時、みな一様に手首を右へ左へと捻り、その動作を確認しておりました。そこには、どうもわたくしのように鍵を差し込むと同時に肘を返す方はございませんでした。わたくしには自覚の無いその速さも眼に付いたのか、真似をして大仰に素早く肘を動かそうとした方は鍵先の位置が固定されず、でたらめに動き回っておりました。

前腕をねじって鍵を開け閉めするという行いが、もはやわたくしの日常からは無くなっておりました。

順体法の日常

下掲の連続写真は、相手に触れ、その中心をとり続けながら下へ崩している図です。

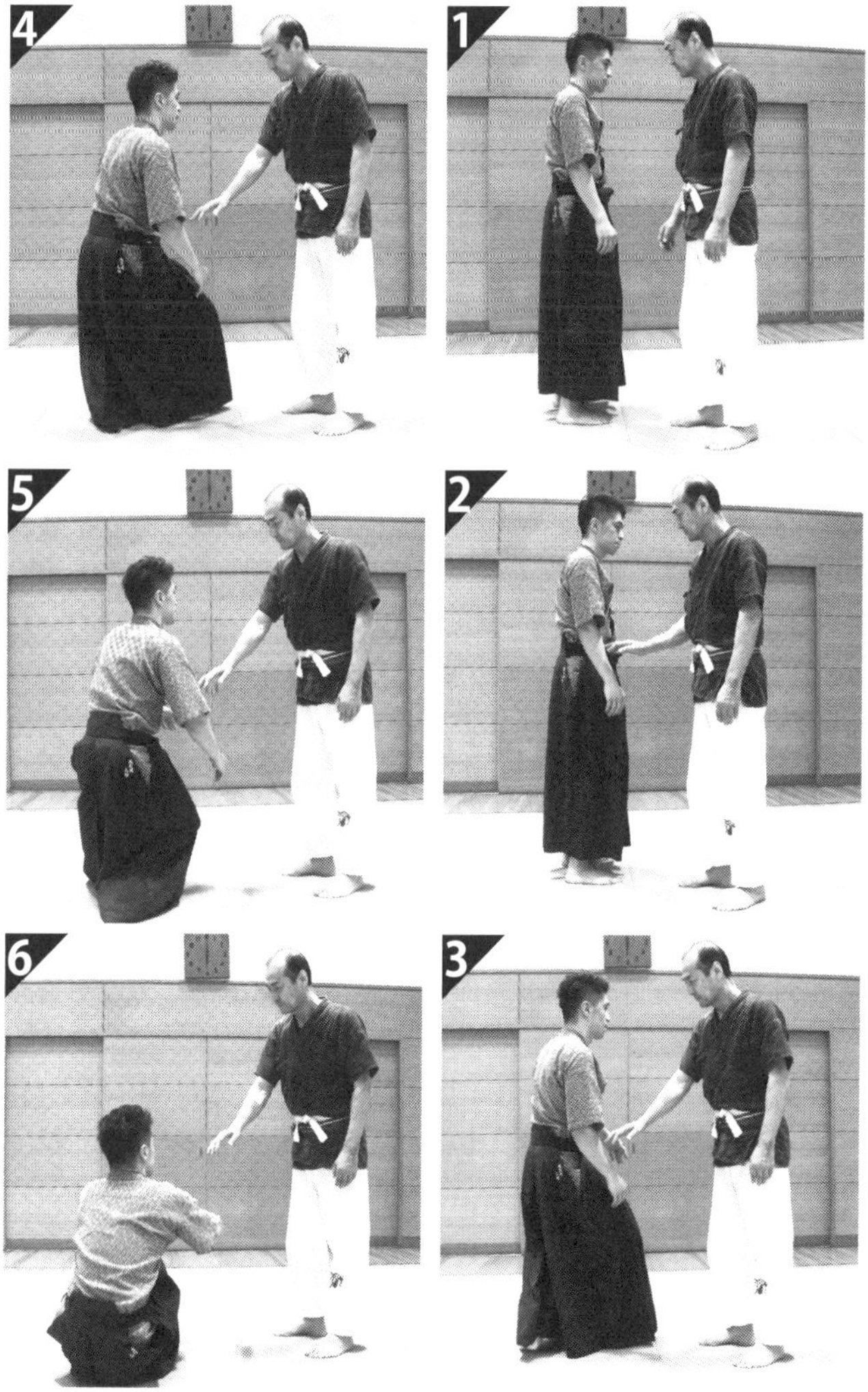

下掲図は鍵の開閉時における体捌きの違いを較べたものです。

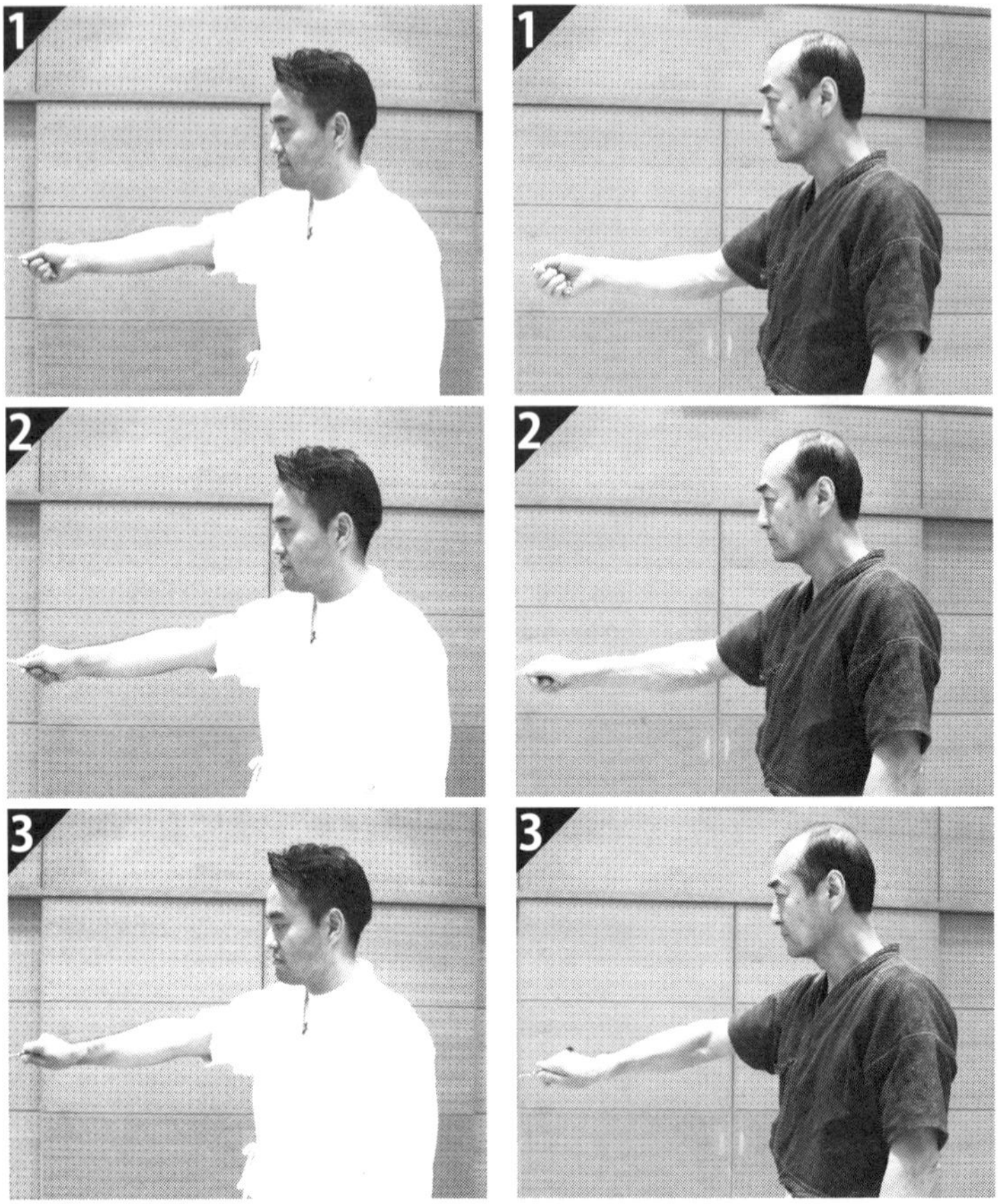

第6章

カコのこと ミライのこと

1

問◆ 修業時代を振り返って稽古の中で一番辛かったことはなんでしょうか？　肉体的、精神的な部分それぞれで伺えれば幸いです。

答◆ 辛かったことはありません。

とにかくわたくしに「イチバン」の辛さを語らせたい、というお気持ちはつらいほどよくわかるのですが、つらいと思ったことなど露ほどもないのです。楽しいからずっと続けてこられたのです。もし、つらいことがこれっぽっちもあればやめてしまっていたことでしょう。いや、辛くなる前に、ほうりだしていたことは確実です。楽しいのだけれど肉体的につらくなるまで稽古ができるというほど頑丈な身体でしたら、また別物になっていたかもしれません。精神的に稽古でつらいというのは、ほんとうに悲惨でしょうね。地獄獄門に等しいのではありませんか。といってもそんなつらい目にあったことがないので、なんともいえませんが……。

ところで、ご質問のあなたさまは、なにかよほどつらいお稽古を日々なさっておられるのですか。そして、そのツラサを同次元のものとしてわたくしと分かち合いたいと思ってご質問をぶつけてこられたのでしょうか。たいへん申し訳ないことですが、初めに申しましたように、読み取っていただいたとおりタノチイ稽古の積み重ねで今日まで至っております。ツライ、イタイ、キツイ、カライ、ヤバイ、などというのはわたくしにとって、イチバンつらいことです。ただ、あなた様にとって、こういういっけん軟弱な稽古風景が不愉快きわまるもので、それが今日のわたくしをささえているということにも耐えられないというのでしたら、それこそが、わたくしにとって、本来の武術の術たるところを学ぶ本当の意味での楽しさを分かち合えないというイチバンのツラサを痛感いたすところであります。

2

問◆先生は流儀を子供に継がせるのでしょうか？　武術の後継問題についてどうお考えですか？

答◆押し付ける気はありません。

祖父の泰治は自分の代で当家の流儀は絶えるものと覚悟していたようです。わたくしも継がせるなどという押し付ける気はありません。成り行きを見守るだけです。

ヨチヨチ歩きの頃から稽古をしてきた長男は、大学生の頃は年に数えるほどの間隔でしか稽古ができませんでした。それでも小さい頃からの稽古が生きているのでしょうか、毎回の稽古でその芽が少しずつ伸びていくのが実感できました。卒業してからは、常にわたくしといっしょに道場へ向かっております。稽古が連続してできるため、毎回動きの質が変わっております。まだまだ硬さはあるものの、その硬さの当たりも見違えるほど軽くなりました。もうちょいというできなさ加減が、さきの見えるできなさとでもいうのでしょうか、上級組の方たちの漠然としたもうちょっととはちがう感触があります。動きの柔らかさという点に関してだけなら、上級組といわず他の弟子にも相当柔らかい方が大勢おります。しかし、いま弟子では、わたくしの一番弟子ですら、だれひとりとしてできないことが、たどたどしさ、ぎこちなさをともないながらも彼ひとりだけが動けるのです。動きの質が異なります。そのような硬さ、できなさ、足らなさなのです。

わたくしが彼の年齢のときは、このような質の稽古はしておりませんでした。体育的な乱暴とも言える力みのある早さの稽古でした。あとは長い時間をかけて、わたくしが弟子に聞きながら稽古を続けてきたように、やっていってもらえればいいと思います。彼はどのような世界へ行きつくことでしょう。きちんとしたことはきちんとしたこととして伝えていってくれるのではないかと思います。わたくしの若い頃の写真を息子だと言って弟子に見せたとき、はじめはそうだと思ったほど、雰囲気、体型がよく似ております。型は、きれいです。

3

問◆今の若い人達を見ていると、その生活や態度など腹が立ち、暗澹たる思いです。先生はどのようにお考えですか？

答◆素晴らしい人は沢山います。

いまの若い方たちにも、素晴らしい考えや行動をおこなえる方が大勢いらっしゃいます。新内閣になり、教育問題も大きく取り上げられておりますから、大いに期待したいと思います。志の高い若者が多くふえることを祈るばかりです。

いまの教科書は、いかに日本人が世界に対して悪いことをしてきたかということばかり教えているそうです。ものすごく不健康な考え方ではありませんか。そんな国がどこにありますか。故山本夏彦氏も日本人は自国の悪口を言うのを良心的だと思っている。相手国がいうであろうことを先回りして言うのは迎合だと述べております。これでは卑屈破廉恥な人間や日本嫌いな日本人が増えて当然です。

そんな中、あるサイトには、かつて日本人たちが言葉に尽くせぬほど親身になって遭難、戦災にあった外国の方たちの面倒をみ、それが縁でその国の方たちは日本に恩義を感じてたいへん友好的な感情を持ち続けているということがとても感動的に紹介されております。こういう胸を打つようなよいお話を教科書以外で目にするのが残念です。そういうことがらこそ、かの国同様に教科書で教えていただきたいものです……。

4

問◆泰治先生がなさった、大きな犬の首をひと太刀で落としたり、正郡先生がなさった蝋燭の火を消さずに両断する等、まるで映画のようなことを本当にできるのでしょうか？

答◆それが果てしなく遠い侍の世界の術だと信じています。

祖父が元来法螺ふきな人であれば、わたくしもはなからそんな話は与太話として、信じなかったことでしょう。しかしながら、木村篤太郎、中山博道、笹森順造等といった当代一流の剣道家、政治家たちからも曽祖父の代から古流儀をまもる真の武術家として信を得ていた人間が孫に語る修行話として、それらの逸話をわたくしは、ただただ感嘆しながら聞いておりました。まさか、祖父自身はそれらの逸話が多くの人の目にふれるなどとは思いもよらなかったことと思います。信じられるか信じられぬかは人それぞれですから、わたくしとしてはどうでもよいことです。わたくし自身は、それが果てしなく遠い、侍の世界の術だと信じておりますし、それができた人の学んだ「型」というものが、いま自分の手にあるというだけで幸せです。この世界の延長にそんな世界が広がっていると思えるだけで充分です。もし、わたくしにもそんな才能と稽古量があって、同等のことができたとしても、曽祖父や祖父自身も言っているように、それらはけっして人に見せびらかすようなものではありません。いずれにせよ、わたくしにはそんな芸はできませんので、あなた様には生涯信じていただけないことはたしかです（もちろん、できてもできなくても犬の首を斬るのなどお断りです……わたくしは幼少時より愛犬愛猫家ですから）。

わたくしの弟子の一人に畳表五枚を巻いた太いものを一刀両断、返す刀で三断するものがおりますが、多少なりとも試し斬りを稽古された方はぎゃくにそんな太いものを斬れるわけがないと思われるかもしれません。また他の弟子のひとりに当時タクシー業務をしていたものがいて、偶然に父の知り合いの方を乗せたことがありました。そんな関係で、わたくしが竹刀の竹の一片をほおり上げて斬るという話になりました。その客は剣道経験者でしたので、ぎゃくにいくら弟子が目の前で何度も見ていることだと言っても信じてくれなかったそうです。けっきょく目的地に着くまでの間中、斬れる、斬れないで並行線のままだったとのことでした。居合道の高段者の方に直接わたくしが話したときも、竹が飛んでいかないか、刃がかけないかと疑義をただされました。かように、現にわたくしですらできる程度のことでも、絶対に信じていただけない方もいるのですから、話にかぎらず、見ても何か種があるのではないかとかんぐられるのがおちでしょう。現在はインターネットの時代ですから、ものによっては、さきほどの畳表五枚の件のように、いくらでも見ることができます。

祖父の幼少時の富山での修行時代に、曽祖父と相弟子の高岡弥平翁が壁を走り上がり天井を数歩走って、受身を取って道場に立ったという話なども信じていただけない逸話のひとつでしょう。この話を、わたくしが二十歳もすぎていたころ、十歳ほど年上の弟子に話したとき、父に「いい大人がそんな話を人にするものではない」と後からたしなめられました。これはまさに大人としての見識でありましょうが、わたくしは自分の信じていた事を否定されて反撥いたしました。師の言を信じられないものは弟子ではないと、若さの至りで生意気なことを申してしまいました。そこで、次に彼が稽古に来た時、そのいきさつを話したところ、彼が十代のころ四国の多度津にいて、少林寺拳法を学んでいたころ、本部から指導にみえた方が同じことをして見せてくれたので、私の話もなんの疑いもなく、ただ聞いていただけたとのことでした。これを聞いたときは、自分のことは棚にあげ、それぐらいのことをできる人は現代人でもいるのだと、我が意を得たりとばかり得意になりました。人のはかりしれない能力というものを、われわれはあらゆる分野で目にすることができます。だからといって、わたくしの話を信じろというつもりも毛頭ありません。ただ、わたくしの修行時代に祖父からこんな話をきいたということを事の成り行き上、おひろめしただけです。わたくし自身が疑いを持ち、話すのを憚られる内容だと判断すれば、当然さきの父の戒めのごとく、口にしなかったことでしょう。父のごとき常識円満な人間の感覚からすれば、祖父のような人間は法螺ばかり吹いている人間だと目に映るのかもしれませんし、わたくしもそんな話を信ずる馬鹿息子かもしれません。しかしながら、わたくしから見れば、祖父は、父は不肖の息子でまったく話が通じないとなげいていたかもしれません。だからこそ、私に対してのようには、多くは語らなかったのでしょう。術の世界を真に理解できるものとしか、意思の疎通はできないのです。父はさすがに、「おまえも法螺吹きになった」とは言わず、わたくしの言っていることが「理解できなくなった」と申しておりました。

一般の方々に術の世界の話をいきなりすれば、馬鹿者扱いか法螺吹き扱いをされて当然です。わたくしはそのような世界を信じ、楽しんでいる、そのような人間ですから、それでけっこうです。

抱込（だきこみ）

きちんとした型稽古をきちんと学ぶということの難しさは、型と真摯に向かい合って、初めて理解できる世界です。力を絶対否定された世界の中で、ひと動作ひと動作が正しく相手を崩すことができるか否かということに神経を集中させることは現代人にとって容易なことではありません。

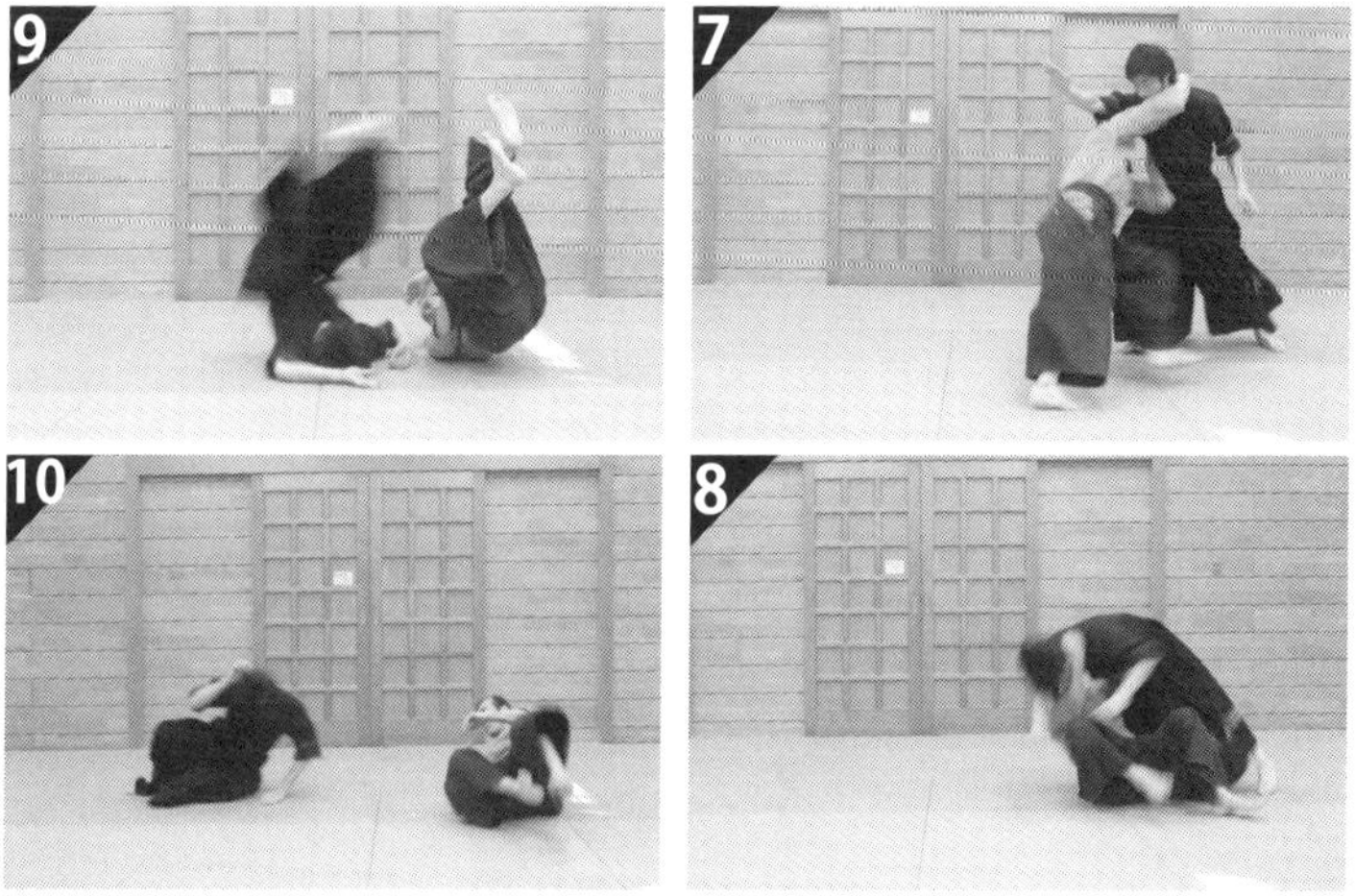

右の写真は、戦前戦中の泰治指導による短刀を使用しての型稽古。近代戦の戦場が身近にある時代の人間がこのような型を通して何を学ぼうとしていたのかを理解しなければなりません。

5

問◆古流には小説や映画にも出てくる有名な流派がいくつかありますが、どの流派が一番強かったと黒田先生は思われますか。

答◆個人の強さと流儀の優劣は無関係であるというのがわたくしの立場です。

結論から申し上げますと、わたくしは流儀流派の優劣論にはまったく興味をもっておりません。各流各派それぞれに太刀構えや体構え等に、その高低角度などの差異はありますが、それぞれを正しく学んだ人の身体は武術の世界で正しく評価をされるものです。それを、祖父泰治は、免許はどこへいっても免許であると評していたのです。たとえば誰も知らないある流儀の免許が、別の、多少は人に知られている流儀の師範から、目録だと評価されることはないということです。そのための免許状なのです。免許には免許のためのあるいってい の身体技能があります。その免許同士で稽古をした場合、日本中どこへ行ってもみな互角であるとは申しておりません。同じ免許同士でそこに優劣の出る場合は、個々の問題であって、A流がB流に勝ち、あるいは後日、B流がA流に雪辱を果たしたとしても、流儀の優劣を論じるには値しません。個人の強さと流儀の優劣は無関係であるというのがわたくしの立場です。たしかに、江戸期にはいり、道場経営という形態が確立されるにしたがい、「金許し」とか「義理許し」などという腕前とは無関係に目録状や免許状をだすこともあったようですが、侍人口からすればごく一部にすぎません。明治生まれの祖父でさえ、免許はどこへ出ても免許であるという感覚がそなわっていたくらいですから。

祖父泰治は、正確に構えた正眼の構えについて、以下のように述べております。

「正確に構えた正眼の構えを破るのはなかなか難しいもので、この構えは構えの中でも白眉とでも云うべき構えであります。それだけに攻防ともに研究と熟練とがいります。この構えで特に注意すべき箇所を述記いたします。この構え中、前へつきだした右肘は十分に伸ばして、腕全体を内側に捻じ、その拳は甲が上部に向かうようにせねばならないのです……」

これは流祖駒川太郎左衛門国吉が新陰流上泉伊勢守から伝えられた「位五大事」のひとつそのままです。相手からは遠く、我からは近いという利点を理論化した構えであります。もちろん言うまでもなく、現代剣道のように突っ立った形ではなく、腰を落とした沈身の位です。現代人の日常的感覚からはたいへん動きにくい形態での型稽古において、祖父泰治はこうも申しております。「構えから構えにうつる動作は正確に迅速なるべきこと」。

こうした四百年以上も前から伝えられる太刀構え、体（腰）構えの型を、各流各派の教えにしたがいかたくなに墨守すること以外に、本来の術を学ぶ道はありません。この構え方について、他流の方が、肘を伸ばしてはいけない、腰を落としてはいけない、と注意をくださっても、この構えこそが大事なのですから、肘を曲げるわけにはまいりませんし、他流儀の構えを見て、自流の構えと異なるからといって批判批評をするようなことはけっしてございません。それゆえの、さきほど申しました「免許はどこへ行っても免許である」という謂なのです。わが流儀では、祖父の言を見るとおり、特に注意しなければならない大事が、この肘の使い方なのです。現代風の悪しき自然体とでもいうべき、理論のない肘曲げ自然体では、侍の学んだ剣の操法そのものを学ぶことはできません。

祖父泰治は、このように流儀に特有の各種の初歩の太刀構えを説明し、それぞれについて数種の応用手合いを述記しておりますが、その最後に、それらを稽古する際の注意事項を述べ、さらに以下のごとき注意を付け足しております。

「なおもう一つ注意を要すべきことは、限定された技を確実に体得するまではみだりに応用手合いを行わぬことと、むやみに勝負を争わぬことで、それと凶器をみだりに使用せぬこと等に注意を払い幾回も稽古を積んで……」

応用手合いまで説明しておきながら、限定された技を確実に体得するまでは、みだりに応用手合いをおこなうな、と諭しております。確実に体得するとはどのような段階、自覚をさすのでしょうか。ここに「師に就く」という大事があるのでしょう。

我流の行き着く先は、我流でしか、ありません。

改心流左定剣

相手が面部に打ち込まんとする気を察知し、敏速に体を変化させ、打ち太刀を受け流し、面に打ち込みます。このとき、打ち込みを誘う場合や虚をとる場合などなど、攻防のかたちは同型であっても内容は千差万別となります。

祖父写真（正座の図）
現代では、なかなか見ることのない「侍」の正座です。

改心流正眼の構え　腕の高低、歩幅の広狭等変化があります。

6

問◆泰治先生は歳を取ったら取ったようにつかえばいいではないかとおっしゃったそうですが、現在の鉄山先生は、その言葉をどのように感じておられますか。

答◆その境地には未だ至っておりません。まだまだ年少組で稽古を楽しんでおります。

父がまだ六十代の頃、祖父が七十歳の時まだ稽古をしていたことを鑽仰《さんぎょう》しておりました。いや現在は八十、九十歳で矍鑠《かくしゃく》として武道、武術、各種スポーツを楽しんでおられる方々が大勢おられますので、わたくしもその七十歳を迎える年になりましたが、まだまだ年少組でしかございません。

以前、そんな父がわたくしに祖父と同じように居合を抜けるようになったら、もうお前は駄目だと言ったと述べました。それはわたくしが二十歳になる年のことでした。勿論、そんな年齢のわたくしが祖父と同じように抜けるわけがございません。しかし、父の眼にはそのように感じる何かをわたくしは行っていたのでしょう。そのうえでの、京都の武徳殿に向かうわたくしに対しての励ましだったかもしれません。お前はもう誰にもわからない居合を抜くようになったのだよ、と。そんな若年の頃に祖父から聞いた言葉がご質問の、歳を取ったら取ったようにつかえばいいじゃないか、というものでした。

もうその頃は、わたくしもそんな祖父の教えに疑いもなく首肯しておりました。ご質問から、あらためてその言葉を振り返ってみれば、一般常識からすればまったく理解できない言葉であることが理解できました。そんな世界に今自分がいることをありがたく思っている次第です。歳を取れば万人ひとしく身体は衰え、当然運動能力も衰えます。それを祖父はまさに当たり前のこととして認めたうえで、わたくしに武術というのは断じてスポーツとは違うのだから、歳を取ったら取ったように使えばいいではないか、と言ったのです。祖父にとっては歳を取ればそのように相手に対して応対すればいいじゃないか、若い頃ならそんな体捌きで対処したのだろうが、いまならこんな形で応対できるでしょ、という当然の感覚から出ている言葉だったのです。それはまさに名人達人伝説の世界ではないでしょうか。老名人が腕達者の若者を手玉に取るという古伝の世界そのものではないでしょうか。

そうなのです。祖父泰治は曾祖父の正郡という武術者の世界の住人なのです。そんなさむらいには常識の言葉を、遠く隔たった現代教育で育った方々がいきなり理解することなど出来ないのは当然のことです。そんなわたくしどもの稽古風景も、わたくしなりの現代の言葉でご説明しても、実際の稽古風景を眼にした多くの方々には全く理解不能の世界でしかございません。まして、説明など御法度、しかも型を人前で見せるなど絶対禁忌の時代にあっては武術を理解する一般人など皆無です。有名無名を問わず、武術者、武芸者の動きを眼にした市井の人々の残した口碑を見ても、皆一様にその神妙不可思議驚嘆を感じたことを知るのみです。

最近の剣術の稽古で表中太刀の参本目の目附を行いましたところ、弟子からまた前より速くなったと言われました。例のデジタル参本目というやつです。型のひと動作ごとの直線化がより精密に動けるようになったためでしょうか。それに加えて、その直線の動きに身体もさらに慣れてきた模様です。最大最小理論に適合した動きもさらに精密度が上がってきた感もございます。それらがみなわたくしの日常の動きの延長上にあるものなので、体力的に何の負担も感じません。

まあ、そうは言ってもそこに何か体育的な条件を付ければ、例えばその型を百回、二百回と連続稽古するなどということは、まさしく当然のごとく老人のわたくしには難儀なことに相違ございません。またこの歳、この段階でそんな稽古はまったく必要のないことです。一つひとつの型それぞれにいっそうの磨きをかけるような方向こそ、今わたくしが集中している稽古なのです。

受が両腕を伸ばし体側からやや離してしっかりと踏ん張った状態で、その受の両手首にこちらは軽く左右の手を添えます。その掴んだ受の両腕を内側に向かって交差させます。この時は両胸の筋肉を使いますが、多くの方々は上腕骨の付着部の筋肉から緊張し始めますので、受にぶつかり両腕を閉じることが出来ません。

わたくしの日常の動きではその緊張が起こりません。確かにこちらは相手の両手首をもって内側に閉じますから胸の筋肉を使いますが、その働き方が大きく異なります。受は両腕を緊張させ踏ん張っておりますが、わたくしの両胸の働き方ですと抵抗なく軽くその両腕を閉じることができます。先ほど述べたわたくしの日常の動きとは、現在このように一般的な身体運動とは別の働き方を獲得したものです。そんな身体運動を元として、型の一つひとつを検証し続けている今日です。型稽古の楽しさはまだまだ尽きないようです。

祖父のように、歳を取ったら……という境地には未だ至っておりません。まだまだ年少組で稽古を楽しんでおります。

身体の理論化

下掲第１図〜７図は表中太刀の目附という型で、身体の理論化による太刀の回転を消す動きかたを楽しんでおります。第６図、７図は太刀を右肩上から後方へ返し、右下から上へ斬り上げて受の両腕を下から払い斬りにしたところで、その部分を消しております。

下掲第１図～４図は本文説明の通り、受の両腕を優しく閉じる身体の働きです。図像からは胸部の筋肉の働きの違いはわかりにくいかと存じます。

7

問◆

先生の道場は難しすぎて弟子が育たないと言われておりましたが、近年、育てた花がやっと開いたという感を抱かされました。最近の先生の思いについてお聞かせください。

答◆

稽古を楽しんできた過程がそれだけの時間を要したということ以外の何物でもありません。

現在も稽古を楽しむことにはまったく変わりはございません。人から、宗家なのに弟子に訊きながら稽古をする変な人、と評されたことは以前述べましたが、まったくその通りだと存じます。祖父のように若くして術成り、あとは自身の稽古で曾祖父が稽古を楽しんだように腕前を磨くだけという位に達した人間とは大きく異なり、わたくしは祖父亡き後が未熟なわたくし自身の修業の始りでした。敗戦後の環境がわたくしの稽古環境でした。それでもいまだに記憶にあるのはいつの頃か幼少時、大きな祖父が背後からわたくしの構える小さな両手に手をかぶせて、その構えを手直ししてくれたひとこまの印象です。それがわたくしのまことに小さな芽でした。

日誌を振り返れば、四十九歳の国内初の合宿でもあれやこれや型稽古から気づかされたことどもが記されております。文章だけから見ればもっともらしいことは書かれておりますが、現在の眼からすれば未熟な段階がそのまま羅列されているだけです。

五十歳の時の合宿では、弟子の受が速くなった様子が記されております。柔術の右孫《みぎまご》、左孫《ひだりまご》を稽古した時、とくに左孫のときは居合の鞘引きの速さがあるので、右孫以上に速いため、それ以前は受がついてこられず型が壊れておりました。つまり、わたくしひとりがすっと動くだけで右孫のときのように飛んではいきませんでした。それがこのころは、弟子が異常な速さで落ちる、などという言葉で表現されております。

そんな速さも現在はみなもっと速くより柔らかくなっているので、以前のような硬さを含む目に見える速さでなど崩れません。今日の我々にとってはごく普通の速さで崩れるだけです。見た目の迫力などまったくございません。

それを言葉で表現すれば、その当時の「異常な速さで落ちた」という受は、たしかにわたくしのひと動作に応じてばさっと下に平べったく這いつくばった形などに変化をしておりました。そのような速さの受に対して、どうやったらそんな速さでそんな形の受身が取れるのだと訊いても、いや、投げられたと思った瞬間、目の前に畳があったなどという返事が返るばかりでした。

それが現在の速さは崩される前、投げられる前に自然に身体が反応し、柔らかく受け流しつつ無意識に腰が崩されているのに合わせて、ふわりと受を取るという静かな稽古ぶりが日常の稽古風景となっております。弟子たちが速い速いと言いながらその速さをわたくしと一緒に楽しんでくれているという感がいたします。いや、確かに目に見えない速さそのものを楽しんでいるのです。

よく以心伝心などと申しますが、下手に投げよう、崩そう、打とうなどという動きや攻撃に関する思念を表せば、その瞬間に相手はそれを察知して心身の反応を起こします。祖父泰治は打とうと思わずに打てと申しましたが、まさにそういう世界を弟子ともどもいま楽しんでいる最中でございます。

今日、そんな環境に至る永い稽古風景の結果、ようやく居合術などでは離れの至極と申しますように、至極と言われる離れの姿がわたくしなりに見えてきたところです。ようやく離れそのものの存在ということについて、弟子たちに具体的に語れるようになってまいりました。

若く未熟な頃、祖父が弟子に居合を指導した時、例えば行之太刀を抜いた時、わたくしはどきっといたしました。祖父の抜いた太刀の切っ先が鞘の鯉口を掠めたのではないか、と見えたからです。腹で鞘を割るように抜くのだ、と言っていた祖父のその抜きです。

今思えば赤面の至りですが、祖父外出のおり、その刀を抜いて鞘口を改めてみました。当然のことなからきれいな鞘口で傷ひとつございません。木屑《きくず》ひとつ出て参りません……。当たり前のこと、それが「離れ」の至極だったのです。と、いまこの歳になって理解に到達できました。

祖父の演武の際になんとしても「あの離れ」を観て取ろうとしていた、あの離れはそこにはありません。ないものはないのですから観て取れるわけがございません。いや、消える動きだから見えないのだという謂《い》いではなく、離れの存在する場所がそこではなかったということでした。だからこそ、当時のわたくしの眼には祖父の離れは初心者の抜きのごとく鯉口を掠めたかのような抜きとして見えたのでした。今の眼で見れば当然正しく観えるはずです。それを弟子に見せて問えば、わたくしが見たかつての祖父の太刀のように、鯉口を掠め、あるいは鞘から丸く抜け出たかのように見えるというのでした。

左右孫取における鞘引き

下掲の第１～４図は右孫、次ページの第１～４図は左孫です。いずれも無足を働かせ、体を廻さずに直線に左右の胸（腰）を引きます。後ろへ三歩引き下がる動作を省略して、軸足に重心を移さずに、いきなり腰を垂直に沈める稽古を目的としておりますが、ひと足を後方へ開くだけで直線の腰の沈みがなかなか得られず、足捌きともども難渋いたします。

1
2
3
4

著者プロフィール

黒田鉄山（くろだ　てつざん）

1950 年埼玉県生まれ。祖父泰治鉄心斎、父繁樹に就き、家伝の武術を学ぶ。民弥流居合術、駒川改心流剣術、四心多久間流柔術、椿木小天狗流棒術、誠玉小栗流殺活術の五流の宗家。現振武舘黒田道場において、弟子と共に武術本来の動きを追求してきた。2024 年 3 月逝去。

振武舘黒田道場

〒 337-0041　埼玉県さいたま市見沼区南中丸 734-55

装幀：谷中英之
本文デザイン：中島啓子

黒田鉄山　永遠の極意
実はここまで語っていた、武術界至宝の最後の言葉

2025 年 4 月 25 日　初版第 1 刷発行

著　　者　黒田 鉄山
発 行 者　東口 敏郎
発 行 所　株式会社ＢＡＢジャパン
〒 151-0073 東京都渋谷区笹塚 1-30-11 4・5 F
TEL　03-3469-0135　FAX　03-3469-0162
URL　http://www.bab.co.jp/
E-mail　shop@bab.co.jp
郵便振替 00140-7-116767
印刷・製本　中央精版印刷株式会社

ISBN978-4-8142-0702-2　C2075

BAB ジャパン　黒田鉄山師範の心・技・体を学ぶ！

これぞ、神速の武術！現代の達人による集大成的演武集

DVD　黒田鉄山を極める！

そこに居て、居ない身体、消える動き。“神速”“消える動き”と称えられる振武舘・黒田鉄山師範。当 DVD ではその集大成というべき最新・最高の技を丁寧に収録。複数のカット、滑らかなスロー映像を通して、武術的身体の極みに迫ります。

●演武・監修：黒田鉄山　● 64 分　●本体 5,000 円＋税

技を極める“遊び稽古”

DVD　振武舘式集中稽古法

「力の絶対否定。力ではたどり着くことの出来ない世界に、術は存在しております」型の本質を体得するための振武舘式集中稽古法である“遊び稽古”。この実践法を黒田師範の最新の指導と共に丁寧に収録。「今までの自分の生の力をすべて否定する」（黒田師範）ことから生まれる“正しい動き方”を磨いていけます。

●指導・監修：黒田鉄山　● 60 分　●本体 5,000 円＋税

「消える動き」「速さ」を追求する、武術が理想とする身体の養成！

DVD　武術の ”遊び稽古 ” 全 2 巻

当 DVD では師範が指導する非日常的で芸術的な武術的身体を養うための様々な訓練――”遊び稽古 ”を二巻に渡り丁寧に紹介。勝負 / 強弱（勝敗や強い弱い）を将来に見据えての、現在の自身の「動きの質」を追求するその内容は、全ての武術・武道愛好家の日々の修練に資するものとなっている。

●指導・監修：黒田鉄山　●① 83分　② 88 分　●各巻 本体 5,000 円＋税

古流武術の体捌き

DVD　黒田鉄山 極意★一調子の動き

居合術、剣術、柔術の全てに通じる !! 身体各部の精妙な操作と雑味のない一連の動作を主題に行われる日本古流武術界の至宝・振武舘・黒田鉄山師範の指導の数々。身体内部に意識を巡らし、わずかな変化を感じ取ることで古流武術の体捌き――「一調子の動き」を学ぶ。

●指導・出演：黒田鉄山　● 50 分　●本体 5,500 円＋税

型から生まれる速い消える動き

DVD　超次元身体の法 全 2 巻

無足、浮身、順体一。柔らかい型から生まれる速い消える動きとは？ 古人の英知である「型」を真に理解・実践することで獲得できる武術的身体。その刮目に値する超次元の世界を日本古武術界の至宝、黒田鉄山が徹底検証する。

●指導・出演：黒田鉄山　●①46分　②42分　●各巻　本体 5,500 円＋税